少年风华

第三届茅盾青少年征文作品选

邱文宾◎主编

作家出版社

编委会成员

序：象群迁移的时候

1980年，我发表了我的第一篇动物小说《象群迁移的时候》。这个小说讲述了一群野象因受地震的惊扰向国境迁移而引发的故事。为了把象群引到另一个自然保护区，人们围追堵截，用了很多震慑性的办法，却没有起到什么好的效果。

2020年，一群野象离开西双版纳保护区，漫无目的地向北寻找新的栖息地。在象群"北迁"的日子里，人们有序地从自己的家园退出，远远地无声观望，注视这次漫长的动物迁徙。这个由十几头野象组成的小集体，白天寻找无人打扰的林间、空地休息，夜晚则开始穿越人类居住的村庄，在农田中徒步。近半个世纪过去了，人类的活动无可避免地与自然、与自然界中的动植物产生交集。从肆无忌惮地以人类的意念和行为改造自然，到用平等的眼光注视这些和人类分享一个星球的生命体，人类对待自然、对待世界的方式更多了些许敬畏之心。

我是从云南开始我的写作道路的。我故事中的背景、人物、动物、情绪乃至细节，皆来自同一个精神家园和灵感来源。大自然赐予我以无尽的写作源泉，给我启迪，也教我学会保持敬畏。我常羡慕孩子们，他们是天然的情绪感知者，又是最容易亲近大自然的一群人。我看孩子们的文字，也常受到相似的震动。在每一个孩子的笔下，一切生灵的生存与毁灭，一件最渺小不过的个体事件，都有着令人讶异的活力和奇思妙想，可以唤醒最惊心动魄的情感，调动最丰沛的生命力，从而展现一个在大自然的召唤下不断走向自我丰富的精神世界。

这本小集子就是如此。跨越整个2020，到2021，孩子们用近百篇略显稚嫩的文字，使不屈不挠、自我追逐的生命之光显现。自然、社会、家人、朋友，和日常生活相关的每一个细小的情绪、事件，成为构筑孩子精神世界和生命境界成长不可或缺的一环。这其中闪烁的点点思想火花，正如一切人类在一切时代对真理、对崇高、对美好渴求的初生火苗。

别林斯基说过，人思想的成长有两个源泉：自然和书籍。与自然相处的经验是一笔很重要的财富，尤其对孩子而言。我们的孩子，不管未来会不会成为作家，选择走哪一条职业道路，总是会遇到如何处理与自然的关系，怎么用诗意的、真善美的眼光来看待世界的问题。在这个问题上，所有的成年人都需要向孩子学习。"春天森林的律动，胜过一切圣贤的教导"（华兹华斯），大自然是帮助塑造孩子未来、成就潜在人格的老师。孩子在大自然中感受其赋予的力量，在与大自然的血肉联系中体悟精神文化的财富，在对大自然真实的探究体验中生发对生活、对世界个体化的思考，他们的心胸就会变得辽阔、独立和自省，他们的精神世界就会被建构地更为完满。这是孩子与自然互相发现的真谛。

孩子们在对大自然无穷的现象和无限的美的感性体悟中，学会对自然的敬畏之心，习得对生命的敬畏之心，更获得可贵的理性生长的泉源。他们更要在持续的文学的阅读和写作中不断滋养自然所赋予自我的成长经验，保存和发展来之不易的理性之思，使之成为激发潜能、激发自我学习的内驱力。自然在无声中塑造着孩子的精神世界，并推动着孩子以"有声"的方式向外传达着它内在习焉不察的信息。因而，孩子开始使用手中的笔，去重新领悟现象的丰裕，重新鉴赏大自然以及其中的人身上所显示的生命极富变化的形式及成长，去重新反省诸如存在、生命、幸福、痛苦等个人的、社会的生命意义与目标，去重新敬畏即有世界无可凌越的伟大，最终在无穷的现象和无限的美中走向发现自我的精神之旅。

童年和自然，是文学传统最正宗的老师。通过文学的创作，人的精神世界被延展，被隐喻和搁置的理想与愿望因文学的契机而得以喷发和迸射。文学不是"无用"之物，相反，它是甜美而"有用"的。它伴随着螺旋上升的自我发现、自我提升的过程，指向着更高级的情感和心灵的满足。我们笔下的故事一旦开始讲述，那些传递爱的文字就会给予我们永久的力量。即便是那些关于生命残忍破灭的故事，也可以转化为爱的教育，使我们习得爱的能力，最终获得未来的所有财富。

拿出你的笔吧，去体会大自然中的美，去创造精神的梦，去仔细聆听内心的声音，去记下自我巨变过程中每一个幼稚、苦闷、踉跄的时刻。因为这终将会给你们以希望和信心，成为你的一部分，使你变得丰富而完整。像为迷途的象群，在长长的归家之途，撒满蘸了盐水的嫩竹子和野芭蕉。

沈石溪

2021. 7. 8

CONTENTS

目录

这是我的故事

童年这些事

☆王熙盛
☆上海民办打一外国语小学（上海）
☆小中组

人生，是历经艰辛后蜕变的彩蝶；成长，是凌霜傲雪后苍劲的竹林。人生的征程就像在渡一条长河，而童年就是我的第一站。

五岁那年，幼儿园老师找到妈妈："这孩子到现在讲话还不清楚，你该带去看看。"我听了眨巴着眼睛想：讲话不清楚真是病吗？后来，妈妈带我去了医院，医生检查完愁眉不展："舌系带要做手术，可孩子这么大了，手术效果未必理想。""那怎么办呢？"妈妈听了心急如焚。"手术后要经过长期语言训练，你要有心理准备。"医生的话如千斤巨石压在我们心上。我很快动了手术，妈妈抱着我，她没说什么安慰的话，只默默地流着泪。

从此，妈妈每晚都陪我训练。她说一句，让我照着她的口型说一句。枯燥的训练常常让我一到晚上就躲着不出来。有一次我冲妈妈发火："都怪你！为什么别的孩子都好好的，我却要受这种苦！"说完，我忍不住号啕大哭。妈妈满怀歉疚，哽咽着替我拭去眼泪："是妈妈不好，是妈妈不懂，在小时候没给你做手术，你已经坚持了那么长时间，再坚持一下，好好练，总能纠正的。妈妈相信你。"

我上小学后，拼音读得不准，总被同学取笑。于是，我所有的闲暇时光都沉浸在发音练习中，哪怕咬伤舌头，嘴唇发麻都不肯罢休。"荷尽已无擎雨盖……"有一晚，我读到这里，舌头总像打了结似的。我烦躁地扭过头，却接触到妈妈鼓励的目光，在她的帮助下，我逐字逐句练习字词的发音，最后终于准确地念完这首诗。那一刹那，几年来训练的艰辛历历在目，宛如眼前。泪水不知不觉又夺眶而出，流过嘴角时，我发现竟是那么甜，恰似一股暖流荡漾在心头。

直到现在，我还每天朗读文章来训练发音。当我读到"道阻且长，行则将至"这样的句子时，总会想起童年这些事。我相信竹子拔节的喜悦，总会胜过蛹虫化蝶的艰辛；烈火燃烧过的火柴，必将点亮人生的征程。

葛 竞 点 评

一个孩子就像一颗种子，他的未来有无限可能性，成长的过程需要外界的滋润，也需要自身的努力。

这篇文章小作者用发生在自己身上的真实故事揭示了用努力改变命运的道理，感情真挚细腻，虽然简短，却把不同时间段所经历的事件串联得十分巧妙。文章的细节刻画非常生动，从对妈妈的行为动作和语言描写中，不难看出小作者的妈妈对孩子深切的爱，是一个内心坚韧的人。希望小作者人生道路上能继续努力，化茧成蝶！

坚持

☆吴越

☆育英中学（北京）

☆初中组

当你掉进越拔越深的沼泽时，只有永不放弃，才有机会脱离淤泥；当我们身处逆境时，必须坚持不懈，才有可能获得成功。

嘈杂的音符在屋里回旋，汗水从发际缓缓淌下。我紧抿嘴唇，十指如狂风骤雨般落在琴键上，越弹越急……越急越错……

弹错了，重新弹；又错了！再弹；还是不对！再来！记不清多少次了，总是在同样的地方出错。这首曲子真难！

我停下来，缓缓调匀呼吸，双眼失神地盯着钟表，指针缓慢而坚定地移动着：一格、二格、三格……我已经弹了很久，手指都抽筋了，还是没能弹过这个小节。

"要不，算了吧，明天再说，反正离比赛还有些天呢。"心底有个声音小声说。

"不行！"另一个声音大声说，"昨天你就没弹过，这样子，明天你也弹不过，还比什么赛？"

好吧！我深吸一口气，重新振作，再次敲击琴键。音符从我的指间流淌出来，瞬间充满了房间。一行，两行……就要到那个"壕

沟"了，我紧张起来，疲劳的手指明显地僵硬了，"DO"的一声，刺耳的杂音再次冲击我的心脏，粉碎我的信心。手指还是落到了不该落的地方，我仿佛听到那个被误碰的白键发出了嘲笑声，而躲在它后面的黑键偷偷说："嘿嘿，又没碰到我。"

我咬着嘴唇，眼睛死死地盯着琴谱，重新再来。汗水从手背、手心、手指中渗出。琴键滑得像泥鳅，指尖不是从黑键上滑下，就是连着不小心按了好几个键。

额头的汗，擦干，又渗出；心，提起，又掉落。

"为什么总也弹不过去？"我烦躁地问着自己，来自琴键的嘲笑声那么放肆，像与我心中的魔鬼联手呼喝，"笨蛋！放弃吧！放弃吧！"

节奏乱了，错音渐多，绝望的念头在心中翻腾着，左突右冲、上蹿下跳、排山倒海、肆虐暴走，所过之处，寸草不生。我像掉进沼泽的鹿，无论如何挣扎，都无法逃脱淤泥的魔爪，反而陷得更深。

我抬起手，却不敢轻易落下，生怕再次听到讥笑声。手指在空气中颤抖，久久地，仍是犹豫着，不敢碰触琴键。

我绝望了，信心和耐心同时消失殆尽。

我凝视着琴键，许久、许久……不知何时，骄傲的艳阳变成夕阳，它悄悄移过来，投射在钢琴上，给那几个总是阻碍我的琴键勾出了金色的边框，白色的琴键被衬托得更加洁白，像天使的翅膀；

黑色的则透出光泽，像缀满繁星的夜空。好美！

窗外飞过的鸟儿留下几声娇啼，像在说："弹啊、弹啊。"

我的心安静下来。回想起初学钢琴时的兴奋，练习指法的枯燥，是的，学了六年琴，弹过那么多曲子，被难住又不是一两回，哪次不是在反复的练习中跨越了"壕沟"和"陷阱"呢！这次无非是沟宽些，坑深些，我一定能弹过的！

我拿起琴谱，静下心来重新仔细地读琴谱，把早已烂熟的地方好好地看了又看。然后我闭上眼睛，让那些音符在我心中奏响，想象我的手指与琴键愉悦地碰撞。我体味着乐曲如溪水流淌的酣畅，如黑云泼墨的忧伤，如雪舞漫天的优雅，如微风抚月的宁静。

我直起腰，不再看谱，手指毫不犹豫地落在琴键上。音乐声轻轻响起，重新布满房间的每个角落。

我把琴谱"大军"截断，一小节一小节练。终于，我越过了"壕沟"。乘胜追击，再来几遍，弹对的次数越来越多。虽然偶有失误，嘈杂之音仍夹杂其中，但我告诉自己："没关系，再弹就行了。总能成功。"

阵阵酸麻从弹琴的手传来，细密的汗珠从鼻尖与额头沁出。在如战场般的钢琴上，我奋战到底。信心越来越充足，琴声越来越流畅，它们在房间里徜徉回荡，从窗缝中流淌蔓延。

此刻的我，觉得自己是个将军，键盘是我的士兵。黑白键，那几个"反叛者"被我渐渐镇压，它们听话地随着我的手指起落。

　　我放松自己，专注地感受指尖与琴键触碰，体会冲出困境的畅快。这些年，我在琴声中告别过无数个夕阳，拥吻了无数个朗月。我的心会随欢快的曲调搏动，也为悲伤的旋律叹息，还在优美的节奏里舞蹈。钢琴，我曾经为之雀跃过，沮丧过，痛苦过，却从未放弃过。坐在钢琴前，即使退步也不退缩。因为我已经体会了坚持带来的快意。无论琴声多刺耳，手指多疲劳，心中多焦躁，我都会坚持弹下去、弹下去、弹下去！

　　我感谢我的坚持，因为它告诉我：面对困难，别放弃，坚持尝试，也许下一次就是成功。坚持到底，才能克服逆境，柳暗花明。

　　弹琴如此，其他亦然。

　　坚持，伴我永远前行。

葛竞点评

　　小作者抓住"练琴"这个场景，将内心情感和人物动作放大化，进行细腻详尽的描写，让人犹如身临其境，仿佛和小作者在一起经历。文章语言生动，字里行间透露着生活气息，小作者天马行空的想象力让枯燥的练琴生活变得妙趣横生起来。文章中有不少可圈可点的佳句，特别是开头与结尾的首尾呼应，点明题目和主旨，意味深长。

用心描绘人生

☆袁嘉雨

☆经开第六中学（西安）

☆初中组

那缱绻的往事，氤氲着一缕旖旎的香……

看到凡·高的《星月夜》时年龄尚小，自然不懂线条之间所编织的美丽，更是体会不到作者内心的忧郁与苦闷。但不知怎的，小小的我总能被这些五颜六色所吸引，母亲像是看透了我的心思，递来一支画笔："这是一幅很美很美的风景画，这其中的奥秘，等你画好了，自然会知道。"就这样，我开启了自己的美术生涯。

山重水复疑无路

枯黄的灯光下——

"嗯，结构安排得很好，不过还是欠缺几分自然。""注意色彩的搭配！""怎么没有任何的美感？""多多注意每个物体的细节吧……"美术老师的教诲声、训斥声、叹息声还萦绕在耳际。什么时候，我的画才能如凡·高般粗厚有力且活灵活现呢？

黄昏一寸寸地爬上矮墙，把天边的晚霞酿成了酡红，夜像半透

明的画纸一点点铺开。我停下手中的画笔，看着眼前杂乱无章的线条，心中满是惆怅。这幅在老师眼中不堪的画将原有的自信敲得支离破碎，低声自问，难道这个瓶颈……一股落寞与失望涌上心头：学习美术已三年之久，虽无"头悬梁锥刺股"，但也有"闻鸡起舞"的斗志。可是，究竟何时才能脱离匠气，将丰富的想象力附着于错落有致的线条上呢？

落日的余晖渐渐地消失在地平线，窗外的小树渐渐穿上了青黛色的外衣，我心中原本七彩的调色盘也只剩下了黑白……那斑驳的树影似乎也在嘲笑我的无能，我的眼眶湿润了……

在充满斥责与懊恼的日子里，在没有鲜花与掌声的日子里，我越来越力不从心，画画也渐渐成为我的负担。"我为什么要天天画画，为什么我只有训斥与责骂？我不学了！"伴着这歇斯底里的哭喊，我将画板高高地举起，重重地摔下，仿佛摔掉一个沉重的包袱。深陷迷茫，眼前似乎山重水复，不知出路。

柳暗花明又一村

直到——

灰白的月光越过矮墙，闯进画室，把画上的线条映得更加明亮了，凝视着那幅画作，发现这久久未动的画页竟落了一层薄薄的灰，被月光勾勒出一个银色的边。这是我的第一幅画，临摹凡·高的《星月夜》，画板上横七竖八的线条，正如那"斗折蛇行""犬牙差互"。虽然那时画艺不精湛，但也曾呕心沥血地创作，伫立在画架旁，恍惚间，仿佛又看见了曾经那个拿着画笔，努力认真的自己，翻开自己的画作，一幅，一幅，我看到了自己的点滴进步，看到了自己付出的心血，看到了自己日复一日的努力。母亲走进来，将手机递给我："这是纽约现代艺术馆凡·高的《星月夜》，你很喜欢的，你还记得儿时的梦吗？"我笃定地点了点头，这曾是我的梦啊！凝望着屏幕上的画，仿佛看见繁星划过天际，在我心中熠熠生辉。原来，追梦的道路坎坷难走，却又无上光荣；原来，做事讲究的是态度和持之以恒的心，挫折是必然的，但更要有不服输的坚忍。终于！我又重拾信心，重新拿起画笔。

爱上品画，徐悲鸿笔下的马自由驰骋，无拘无束；齐白石笔下的虾，活泼，有灵气；黄胄笔下的驴，惟妙惟肖。

爱上作画，临摹凡·高的《星月夜》，仿佛自己正站在漆黑夜空下，抬头仰望繁星闪烁，那是光明与希望。

走近美术，我看见了油画的明暗分明，素描的线条流畅，国画的行云流水，水粉的色彩斑斓。

这顷刻间的顿悟，再次拾起对美术的热忱，一切柳暗花明。

我将这苦涩艰辛而又甜蜜的回忆装入记忆的匣子里，每当我处于山重水复疑无路时，心中定会默念，一切都会柳暗花明！

马
小
淘
点
评

小作者描绘了自己学习美术的曲折艰辛，从不由自主的喜欢，到枯燥积累中的自我怀疑，再到终于重拾信心的释然，层次井然，耐人寻味。追梦路上新鲜刺激和挫败失落都扑面而来，山重水复，又柳暗花明，少年的气馁和昂扬都显得那么动人。结尾处更是将这份乐观铭记在心，充满了对未来的信念与热情，拔高了文章主题，更显规整。

同行之路

☆张鸣远

☆太原市第二实验小学（太原）

☆小高组

　　生活，就是一场旅行。路途中，总会遇到无助之时。这时，你莫慌。因为，有爱，就有路，有路，就会有诗和远方。

——路

（一）

　　她又在发脾气了，乱摔东西的劲头比以往更大。但她看不见，连摔都是盲目的。自从那次车祸，她的缤纷世界只剩下了一片无边黑暗，她甚至感觉不到它的尽头。她认为自己十分不幸，没有谁会比她更悲惨，所以，她失去了生活的勇气……这个女孩，十三岁，她，就是我。

　　从车祸那天起，我的世界成了无情而冷酷的黑色。一开始，听到医生那句"如果有适合的眼角膜，手术还可能让你重见光明"。我很激动，可苦苦等了一年又一年，世界还是漆黑一片。我失去了

信心，摔东西闹脾气是家常便饭，父母的劝告我只当是耳旁风，就这样，我渐渐消沉下去……

（二）

她搬来了，她有着银铃般的笑声。从家人的描述中，我得知她叫齐儿，有着天使一般的容颜，好听的声音，活泼开朗，总之这个年龄的孩子该有的一切她都有。我有些羡慕她，但对她更多的是好奇和一种期待，甚至还有一丝丝莫名的嫉恨。我不喜欢出门，每次出门都会令我难受，结果，我的导盲犬还是带着我去了她家——在我的隔壁。来到她家，门外轻叩。一会儿，银铃般的笑声，带着欢快的小碎步吧嗒吧嗒地朝我而来……长期待在家让我有些不善言谈，谁想这次和齐儿见面竟相谈甚欢。我开始喜欢上了这个可爱的小姑娘。

后来她主动找了我几次。我发现，我俩对身边的事情竟然有很多共鸣之处，慢慢地我们成了无话不谈的好朋友。

（三）

我一直以为这个叫齐儿的女孩是与我的其他同龄人一样无忧无虑的。直到那天，她告诉我她患有一种家族病，如果某一天暴发极有可能无法控制。我忍不住问她，那你是怎么做到这么乐观的？你看看我……

那时，除了和齐儿聊天，我依然脾气暴躁，但和齐儿聊天时尽量小心遮掩着。齐儿想了想，说："那是因为我觉得生活很美好，每一天都是崭新的，要珍惜每一天。"听了她的话，我若有所思。决定试一试，改变现在的生活状态……

从那天起，我开始静下心来读盲文书，聆听窗外的鸟鸣风吟。齐儿也常常过来充当我的小老师，让我学到了很多知识。我惊讶地发现，我的感官比以前更灵敏了。闲暇时，齐儿会陪我走出家门，去公园和郊外的小路上感受生活的美好。渐渐地，我的心情好了很多，焦虑症也有所好转，这让我的父母欣喜若狂。

齐儿依然耐心地教我品诗、静心、感受生活。慢慢地，我感到现在的日子没那么无助、困苦了，渐渐有了面对困难的勇气，有了对人生的思考和追求。我暗下决心，不辜负齐儿为我的付出，珍惜生命，勇敢面对真实的生活。

（四）

就这样过了半年有余，我已经顺利开展初中学科的自学，虽然比较吃力，但我终于又有了学习读书的兴趣。可是，我的命运似乎注定会一波三折……

这天，我正在默诵一段课文，猛然听到窗外救护车刺耳的响声，我心里顿时涌起一阵不祥的预感，齐儿的病情近日加重了，偎依在我身边时总是静静的。似乎是为了验证我的想法，妈妈急匆匆跑进来，证实了这一切。

那一晚，我辗转反侧无法入睡，十分担心齐儿，不时地想着她的那句"莫慌"，心中忐忑不安。第二天一早，我就拉着父母去医院看望齐儿。她的声音听起来十分虚弱。在医院走廊里，我隐隐听到医生和她父母说："孩子的病情不容乐观……"听了这话，我好难过，鼻子一酸，眼泪如决堤的洪水肆意流淌……

（五）

今天我又去医院看望了齐儿。还好，在医护人员的精心护理和齐儿的努力配合下，她那银铃般的声音又响起来了，感觉病情有很大起色。我好开心！

随后几天，父母不再让我去看望齐儿了。因为医生说齐儿最近需要静养，不能打扰。我隐隐有些担忧，这次住院的时间有点儿长啊。

（六）

一个令我兴奋的消息传来，我的眼角膜配对成功，马上可以进行手术啦！手术前我十分激动，一心想着做完手术马上就去看齐儿，看看她天使般的脸庞，给她加油打气！

手术过程十分顺利。

当我摘下纱布的那一刻，大面积的久违的光亮铺天盖地地向我袭来，我感到了一波波幸福的眩晕。过了好一会儿，我迫不及待地睁大眼睛打量着阔别多年的世界，激动地对父母说，我想现在就告诉齐儿，告诉她生活很美好，我会珍惜每一天。

父母迟疑了一下，说齐儿正在养病，不能太打扰。我有些奇怪，总觉得父母好像对我隐瞒了什么。不过，重见光明太令我激动了，我脑海里想起齐儿念与我的诗："山重水复疑无路，柳暗花明又一村。"想到自己未来的生活，我开心地笑了。

（七）

出院那天，我问父母，为我捐赠眼角膜的人是谁呢？我十分感激他。父母愣住了。良久，妈妈从口袋中缓缓掏出一张纸："孩子，你要冷静。"听到这句话的我已然预料到了什么，用发抖

的手接住它。只见捐赠者一栏赫然是"齐儿"两个大字。器官捐赠……齐儿，难道已经走了吗？刹那间，我明白了一切……

（八）

我的眼睛重见光明已经一个月了。虽然如此，但我永远不会忘记我的好朋友齐儿。我会带着你对美好生活的热爱，用你延续的爱去走好生命中的每一步。

手中的《路》是齐儿在病床上画完送我的，上面有她的赠言：你对生活怎样，生活便会怎样回馈你。心中有爱，有希望，脚下就会有路。

我捧着它，仿佛与时空那头的齐儿心灵相通了。泪眼滂沱中，我在心里默念：齐儿，当我在黑暗中徘徊时，你用爱鼓舞了我；而当你走到生命尽头时，又将生的希望、爱的道路铺在我的脚下。是的，生活是美好的，虽然不免会遇到无助之时，但要坚信你对生活怎样，生活便会赠予你什么。风雨路遥同珍重，我会带着你的希望、延续爱的道路，走向诗和远方。

（九）

远方之路，你我依然同行。

　　张鸣远同学的《同行之路》应该算是一篇短篇小说。尽管我们能看到里面的巧合、编织，但我们依然为之感动，因为看得出作者注入的情感是真挚的。"我"在遭遇不幸后的真实描写，"齐儿"天使般的降临，不但带给主人公，也带给读者一些安慰。这部作品里有命运、有转折，能够吸引人。因此在作品的"虚构"与"非虚构"之间不必有那么壁垒分明的界限。

纸飞机

☆刘天烁
☆石家庄市28中教育集团新星学校（石家庄）
☆初中组

纸飞机快飞吧，快乐方法并不复杂……

——题记

不知什么时候，我把成绩看得很重了。

入秋后极平常的一个下午，天阴阴的，灰蒙蒙的，浓浓的雾霾好像被打翻的变质牛奶一样，呛得人鼻头发酸。走在放学归家的路上，心情格外沉重。

月考成绩下来了，分数并不是很理想，同当初定的目标可谓是天壤之别。考试之前的意气风发被打得支离破碎，仿佛陷入了无法自拔的伤心泥潭，失去了"东山再起"的力量，一蹶不振。双腿被铁镣禁锢住似的，步履维艰，身上也冒起了虚汗。心中的忐忑与惶恐交织着，我没力气再继续走了，顺势倚着身旁的一株银杏，停了下来。

抬头，南去的雁阵在银杏叶中穿梭。忽地，一只"大雁"猛地一阵摇摆，像是被风下达了指令，从空中旋转下落，带着几片嫩黄的银杏叶，落在我身边。

仔细一看，原来是一架纸飞机。叠法很粗糙，左翼上画着三个歪歪扭扭的笑脸，机翼一大一小，怪不得一头栽了下来。如若平时，看到如此有趣的图案，总会微微一笑，但现在嘴角却无心上扬。我将它拆开，把那乏善可陈的纸飞机循规蹈矩地折成两边匀称的样式。

一个及我胯部的小男孩沿着小路跑了过来，在我身旁停下，他一直都在笑，笑得那么灿烂，那么可爱。我有些疑惑，是什么事可以让他笑得那么开心？

我把纸飞机递给他，他看我垂头丧气，问道："大哥哥，你怎么了？"我没有说话，摇了摇头。"喏，你看！"他微笑着将纸飞机在我眼前晃晃。"它可以飞得很高的！"边说，边冲着飞机头哈了一口气，使劲向高处扔去。

目光随着纸飞机逐渐上升：它穿过树梢，饮去黄叶碗中一颗剔透的水珠；遇到大雁，同它们一齐摆成"人"字飞翔；又掠过湖面，给鱼儿们捎去了仲秋已至的口信。一阵微风吹过，纸飞机落到不远处的银杏叶堆旁。我收回目光，再去看那个小男孩时，却发现他已经蹦蹦跳跳的不知跑到哪儿去玩了。

为什么不能和他们一样自由自在呢？我诡诡而行，倏而，视线落在银杏叶堆旁的纸飞机上，左翼上的笑脸冲向前方。

一缕阳光从灰色的天空中倾下，似真似幻，照在路的远方。是

啊，有什么可担忧的呢，向前方保持微笑就好了。不管前方的路有多苦，有多少阴霾，只要走的方向正确，不管多么崎岖不平，都比站在原地更接近成功。

想明白了，就不再畏葸不前，向家中走去。

短暂的雾霭缭绕，并不意味着阴霾会笼罩一整天。功成名就不是目的，让自己快乐才叫做意义，人有时候给心松松绑，该开的花就会开。

珍惜你所拥有的吧，微笑细数那些准备飞出的纸飞机，待到它们降落时，不要后悔这纸飞机没有向更远处发起冲击！

马小淘点评

小作者月考失利，心情阴霾，在放学回家的路上遇到了一个小男孩和纸飞机。望着飞翔的纸飞机，小作者颇有感触：不必为一次成绩不好气馁，来日方长，该振奋追求自由和快乐，传递出健朗豁达的人生态度。遣词造句中能看出小作者打磨文字的耐心，希望可以更质朴、精准，写出有独到特点的文章。

迎风斩浪，追我所向

☆王佳钰

☆首都师范大学附属小学（北京）

☆小高组

> 穿过子夜的你，才懂黎明不易。风雨，何妨？唯愿披荆斩棘，未来以梦鸣笛。
>
> ——题记

热爱——逆境——希望。

这一路，风雨兼程，荆棘密布。在逆境里，我受过伤、经过痛；想过妥协，也想过放弃……

可，依旧——当我回忆起，那曾经的自己，在一次次跌倒后，选择顽强站起的时刻；当面对他人的冷嘲热讽，我却没有心灰意冷的时刻；当追梦之旅泥泞坎坷，我却依然坚定不移向它挑战的时刻……

我才明白，当烟花冲破黑云漫天，明朗的晴空依然为风雨无畏者绽开。

正是这与我而言难忘而独特的一段路，让我懂得什么叫挫折，什么又叫成长。

迎风斩浪，风雨又何妨？

奋斗终究缔造希望。

初·热爱

动笔吧，做一个作者，写下属于自己的故事——是很久以前，便在我心底悄悄萌发的念头。那时的自己，约莫四五年级，还不太懂得理想的意义，那字里行间啊，尽是我滚烫热爱的凝集。

似乎从那一刻起，笔与纸的碰触，已奠定了我即将奔赴的路。

我从来就是个现实主义者，因此，在下定决心之前，我已笃定志气——将可能遇到的逆境一一罗列在脑海里，并做好了无畏面对的准备。那时的我，不谙世事，一切都从未经历；却一腔孤勇，无所畏惧。

可是，随着时间渐长、真正付诸行动时，我才明白，彼时的自己是那样天真……天真得就像小说里的少年女侠，以为自己糊糊涂涂、单枪匹马，仅凭一腔热血也可以闯遍天涯。但，所谓追梦，怎能是如此简单的事情？

毕竟，即令才华过人、名利双收，也没有任何一个谁在这长途上经历过一帆风顺的旅程。

我在这般逆境中徘徊、彷徨，兵荒马乱，孤军奋战……

知·逆境

梦途刚刚起跑的那些天，我总是这样幻想着——那是成名之后的自己，笔笔书稿个个发表，芬芳掌声一袭扑面……

可现实呢？

屡屡的碰壁让我骤然明白，每一份成功的起初，都是和一个挫败又孤独的自己交战——

每一晚，陪伴我的只是一盏孤灯，以及窗外漫天寂冷。我蹑手蹑脚从床上爬起，点亮了电脑屏幕。

打开邮件，都好似一场冒险。我怀揣着自己不肯承认的紧张与期待，听见那心跳正猛击播鼓……

可在我眼前扑簌闪烁的，仅仅是那塞满了退稿信的信箱，像是正咧着大嘴吞并我的梦，嘲弄我无能。

其实，我并不知道这挫折对于他人而言，意味如何；可对我来说，自己的无能为力，总是逼迫我回忆起每一段我咬着牙，流着泪，却苦苦寻不见光亮的黯淡时刻——

打开那些一片空白的文档时，茫然无措的清晨；那些缩在沙发角，为自己的能力不足而失声痛哭的午后；那些盯着被退稿信充斥的信箱，彷徨无助的黄昏；那些熬红了眼，偷偷将速溶咖啡当水塞灌的夜晚……

那些时刻，我已不再是在写作——我在战斗。晦涩艰难的往昔，伶伶俐俐地跃过了长河般的记忆，充斥在我的脑海里，让我痛苦，让我犹疑。它们冲上我心头，留下蚂蚁啃噬般细小却剧烈的伤痕微迹。像永远不会重新点亮的深夜，藏匿着无数悲伤与绝望。

心中有个声音，怂恿我，伤害我，逼我动摇——"既然没有能力，拼有什么用处？"它讽刺，它讥笑，幸灾乐祸地看我在希望与晦暗间徘徊着、挣扎着，"不如放弃吧，傻瓜！才小高组而已，哪里有做梦的资格？那样的文笔，有谁会认可？"

放弃吗？我茫然地问自己。将过去受过的伤一笔勾销，还是咬着牙继续来过？

同学将我的笔稿折成纸飞机，请来提建议的伙伴也毫不掩饰轻蔑与犹疑。那些目光像利刃，将我的自信一点点切去，磨平——

我知道自己不舍，不忍拔除好一番不易才得以萌芽的梦；可缥缈的未来和沉重的现实，残酷的过往与明媚的理想——着实让我在痛苦与企盼中，无法权衡。

我蓄着泪的目光，失神地在孤独加倍的房间里，绕着，绕着……

蓦地，这目光定格在小桌子上——那是一摞书。我站起来——不知为什么，我选择小心翼翼地将它翻开……

噢，原来是《老人与海》。

这是我很喜爱的一本书。我歪着头想：它的作者是谁？是——是海明威啊。著名作家！想到这个词，我心里忽而心生怨怼。他怎么能这样成功啊？而我，还是一个连未来都看不甚清的无名小卒呢——

可下一秒，我的脑海里，忽然浮现出这样的画面……

那是二十五岁时的海明威，一个给报社写稿赚取生活费的、穷酸的无名作家。我似乎正触碰到届时，巴黎凛硬的西风，呼呼地踩着人流；梧桐树叶浸泡在大风雨里，不消一会儿就跌湿了海明威打满补丁的薄衫，似乎也冻了我一个哆嗦。他夹着自己破烂的笔记本，正准备跑去"丁香园咖啡厅"，然后，决定在那恶劣的环境里，苦战一天。"整个巴黎是属于我的，而我属于这个本子和这支铅笔。"我仿佛听见他不乏骄傲地说。

我蓦地从书本的扉页中抽出神来，发觉自己的脸红透了，像体内滚烫的烈焰正在燃烧的颜色。"原来，所谓亮丽光鲜并不是生来的成就！"我呢喃着。哪有什么一夜成名？不过是百炼成钢！正如冰心所说："成功的花，人们只惊羡她现时的明艳！然而当初她的芽儿，浸透了奋斗的泪泉，洒遍了牺牲的血雨！"

无论是海明威，还是我，抑或那些曾经追过梦的、现在正追着梦的人——我们都一样。虽然情景不同，但追梦的初心一致；即使道路有异，可面临的挫折相同！每一个前行的旅人，都曾经遇到过颠沛流离、无所适从的时刻；正如比我更优秀的前辈们，曾经历过的，是比我更猛烈的风雨。他们都挺住了，他们都没有颓唐、没有屈服——他们都没有被打败！再反观与我相逢的这般挫折，算些什

么呢？

我，作为勇于抗争的新时代小少年，又有什么理由停滞不前？

奋力生长、勇往直前，无惧风雨、坚定不移——才是筑梦的初心、少年的志气啊！

再次回神，自己满脸是泪。我蓦地发觉，这，大抵是我在这一途中所收获的，最宝贵的财富了。

毕竟，逆境之所以存在，是为了使你意志更坚定；让你明白，只要敢经坎坷，终将收获坦途。

铭·希望

不知不觉地，我的邮箱里已经拥有了三十七封退稿信。

所以，当收件箱里终于出现"您的文章被成功录用"的字样时，我的第一反应并非欣喜若狂，而是耳畔响起了这样的对话——

"这篇文章怎么样？"——"不太符合我们杂志的风格呢。继续加油吧！"

"这样，可以了吗？"——"不够成熟，还需要再改改哦。"

……

三十七次被拒之后，这，算是属于我的首次成功吧？我握住样刊的指尖，微微颤抖着。翻看目录，心跳如素前那般猛击擂鼓。眼前，自己的姓名和原创的文字，正以宋体五号的铅字呈现在墨香里，像一个拥抱，又好似冲我微笑。

我会终生记得这一刻。快乐像漫溢着新蜜的蜂窝，源源不断、蓬蓬勃勃。要知道，这次小小的成功让我想起太多、懂得太多……

可我也知道，自己永远不会忘记的，亦是那些曾经藏匿于黑暗之下的眼泪、用微笑掩饰过的失望、深埋于心底的不甘——和为了梦想，奋斗过、跌倒过、流过泪的日日夜夜。

它们，会始终提醒着在未来的我——无论往后还会收获什么，要记得彼时所拥有的，是淋过多少次雨、打过多少次仗、流过多少次泪以后，才换回的晴空；要记得今后，要以从前勇往直前的姿态继续奋斗。

我知道，经历挫折，从来不是一件甜蜜的事情。

可，这一路历经的风雨会让我记得，自己曾在哪里跌倒、停滞不前，又曾在哪里，收获令自己欣喜万千的经验；这一路斗过的骇浪，会让我记得，自己曾在哪一个时刻觉得无助或孤单，又有什么化作无所畏惧的勇气，激励我重新站起。

如果梦想从未从悬崖跌落，我怎会懂得，需要多奋力才有能力向远方走去；如果骄傲从未被风暴洗礼，我怎能明白，隐形的翅膀只为坚忍不拔、脚踏实地者展开！正是挫折，为我的前进带去坚定的底气与动力；正是挫折，让我在苦痛中尝到希望的甜蜜！

逆境给予我的一切经历，足以让我明白，不要再计较拼搏与收获的比例。

毕竟，熬过迟迟行道，一切经过努力总会有转机。

望着那梦想中曾经想过数次的、凝集着我心血的、终于亲手触到的刊物——我漾着微笑。阳光毫不吝啬地暖着我的额头，好似温柔抚摸——它轻声说着："既然无独有偶，那就继续走下去吧！"

我坚信，逆境之后，那路的前方一定会是温柔和月光——梦想中的一切都会成为，自己向往过的模样。

孑然一身，那旅人在谷涧中奔走着。山路重重叠叠，水道曲曲折折，前途渺茫，似是无光。那梦想中明亮的出口好像从未存在，更别提那伤痛与疲累正交替缠身。

走投无路之际，这苦苦追寻的身影就要被迫放弃——可蓦地，面前却惊见柳荫深深，花团簇簇！展现出的，是桃花源般优美而恬静的阡陌小路。花鸟，人语，村庄——一切都流溢着欢欣，盈满了希望——

正是"山重水复疑无路，柳暗花明又一村"！而我，就像那个在逆境中奔走着、想过放弃、却依然执着前行的旅人。在希望扑面而来的那一刻，我终于懂得——漫天霞光总是脱胎于最深的夜，傲骨凌梅永远盛绽在最凛的冬！即令，未来依旧难行难辨，前路亦是遥遥茫茫；可我的心里，却始终坚定不移、执着光亮——毕竟坚定不移，毕竟拥有希望！

我将全力，迎风斩浪，奔赴梦想——

磨砺一程，笃定一程！纵然追梦之途蜿蜒坎坷、百转千回，我亦无怨无悔，勇于面对！如今，挺过黑暗时刻、心中盈满希望的我，拥有着足够的底气与勇气，寻我所爱、追我所向——披荆斩棘，迎风破浪，无畏未来，无惧风雨！

张陵点评

作者热爱写作，心中有成为作家的梦想。然而，当面对三十七封退稿信的时候，他才知道写作的艰难，于是梦想与现实在心中发生了剧烈的冲突，引发了作者深深的感慨，较深入思考了一个人处于逆境时应该怎样面对？由此提炼了富有哲理的主题，提示我们，逆境并不可怕，只要勇气在，只要精神在，逆境就会变成迎风破浪的动力。作品有一股不服输、不气馁、励志向上的精气神，读来非常感人。

走过泥泞

☆章乐轩
☆南昌凤凰城上海外国语学校（南昌）
☆初中组

走过泥泞，在身后留下一串深深的脚印。

——题记

小时候，懵懂的我看到弹琴的哥哥姐姐脸上洋溢着欢乐与自豪，手指敏捷地在黑白琴键的小方格上，欢快地跑动跳跃着，一首首动听的曲子便奇妙地从钢琴中传出，于是央求妈妈报了班，开始了学琴生涯。

当我的指尖第一次触碰到琴键，我感觉它是那样的新奇，心中充满了一种探索奥秘的冲动。为什么指尖的碰撞会发出优美的声音？为什么将八个简单的音符反复推敲，可以创作出那么多传世经典？

开始学习那些简单的音符时，只要触碰琴键，便能听到声音，我便越发喜欢它，轻松地学琴真是一种享受，我乐在其中。

随着时间的推移，学琴的难度自然增加了，曲子从一面二面增加到十二面，把曲子弹出来的同时还要注意每个小节甚至每个音的细节，情绪表达，和不同的弹法与不同的音乐效果，塑造出各种不一样的音乐形象……这些，赋予了我对每首曲子不同的理解，让我逐渐地感觉到那黑白琴键背后的奥秘，感觉到了学琴的艰难。

以后的每节课，老师都要检查上节课教的曲子，可我每次都弹得不够熟练。当我一次又一次看到一个个"良"时，我又一次深深地体会到学琴的艰难与压力。

回家后，面对我曾经无比喜爱的钢琴，我默默地流下了眼泪，此时的我是那样无助，像一只受伤的小鸟舔着自己的伤口。我觉得自己实在太差劲了！

母亲见了，拍了拍我的肩膀，没有任何责备，而是用充满慈爱的眼神看着我，只说了一句话："孩子，坚持就是胜利！一遍不行就二遍，只要不放弃，天道酬勤。"

我努力地擦拭不断流出的眼泪，回味着母亲的话和坚定的眼神，似乎领悟到了些什么。我深吸了一口气，转过身，看着一行行小蝌蚪，摸索着一个个琴键，弹奏出一个个音符……由一小节到一行，由单手变为双手，由陌生到熟练再加入感情，陶醉其中，像走在泥泞的山路上，一步步克服眼前的障碍，艰难地爬向顶峰。

平常两个小时，假期四个小时，日复一日的时间不知不觉地过去，坐在琴房里的我全然忘记了夏天的燥热、冬天的寒冷、手臂的酸痛，仍然从头至尾反复地练习曲子。不知练到第几遍的时候，我听到了掌声和赞美："弹得太好了！""这孩子应该走专业。"

又一次去上钢琴课，当我自信而纯熟地弹完曲后，老师惊讶地冲我微笑，在我的本子上打了一个鲜红的大大的"优"。那一刻，我的心里比吃了蜜还甜。

"我成功了！"我情不自禁地向天空大喊。此时，我再也感觉不到那架钢琴的沉重了，我已经踏过了那段泥泞，努力攀登过，并且到达了顶峰。踏出了一条路，并留下一串深深的脚印，而这串脚印，也会永远留在心底。

走过泥泞，身后是深深的脚印，前方却是一缕明媚的阳光。

张陵点评

对自己一点一滴成绩的欣赏，是自信心的积累。作者通过学习钢琴得到了思想的启迪，写下来，看似平淡，却也带着真情实感。而且，作者把这个学习的过程，比作是一个人陷入泥泞，挣扎着走出泥泞的过程，也是一种独特的感受。这个心得正是文章的亮点。文章也有一些需要注意的地方，那就是怎样突破一般作文的通常模式，选取更巧妙的角度，写出更多与众不同之处。

青春之花

☆周珈旭

☆石家庄市中山西路小学（石家庄）

☆小高组

成功的花，人们只惊美她现时的明艳！然而当初她的芽儿，浸透了奋斗的泪泉，洒遍了牺牲的血雨！

——题记

当夕阳收起最后一抹金色的余晖时，我站在沙滩上，昂起头，看到不远处一个穿着红裙子的小女孩。一遍遍不停地跳着舞，衣服被汗水浸湿，头发也打起了卷，可丝毫没有停下。"哗哗"的海浪声是最美的音乐，却不经意推开了我记忆深处的那扇窗……

那天的天空像是被狂风席卷了整整一夜，干净得没有一丝云，仿佛只剩下一片狼藉过后的幕布，世界像按了暂停键似的安静了下来。而此时空旷的舞蹈室里却传来一遍遍舞曲声，一群穿红裙子的姑娘们面对着镜子翩翩起舞。突然音乐声戛然而止，"这段重来！感情在哪里？"老师严厉的话语回响在我耳边，"作为领舞这个表现力怎么够？"已经练了二十几遍的我，眼中充满了泪水，双腿微微打战。"笑！要表现出采蘑菇的喜悦之情！"我咬着牙对自己说。深

吸一口气，音乐重新响起。

突然一阵狂风吹过，吹得小树弯了腰，可小树仍然对抗着狂风，丝毫不肯低头！我带着惊喜的微笑如飞燕般轻舞出场了，手臂伸展延伸，旋转三周，起跳、小跳，采摘蘑菇时的幸福要从眼角和嘴角溢满舞台，又到最艰难的跪转动作了，腿部的跪转带动着上身旋转，之前不是转偏了舞台就是动作跟音乐脱拍，曾经一次次的失败一次次的重复。而这次，我根据上次偏移的位置做了微微一步的调整，只听音乐结束后，老师的掌声响起！我收回动作，这才发现浑身疼痛，两个膝盖已经乌青，接触地面的地方还渗出鲜红的血滴。我用心默默记下了这个角度和位置，终于在充满霓虹的舞台上表现出了一个采蘑菇的小姑娘最灵动而可爱的样子，收获了如潮般的掌声和烫金的证书！

梦想，有时就像天边盛放的一簇烟花，可以不盛大，可以不斑斓，但它必须闪耀而充满光华！记下：青春的夜幕很大，却闪过我梦想的火花！虽然光影已飞泻而下，夜幕中却升起更多的烟花！那就是——最美的青春之花！

　　周珈旭的散文《青春之花》书写了一个有拼搏才会成功的小女孩的心境。短短的文章中有回忆，有细节的描摹，也有宏大的抒情，使得文章有层次。看得出，作者很想告诉读者自己的追求和主题。在文章开始的题记，和结尾一段都书写相似的内容。是不是题记部分可以不要，从而做到，言有尽而意无穷。

陨星

☆裴逸宸
☆上海市实验学校附属小学（上海）
☆小高组

　　绯红色的幕布徐徐拉开，华丽的西服遮不住登台时的兴奋。前方耀眼的闪光灯在一片黑暗中格外亮眼。

　　这世上有这样一个孩子，生来口齿不清，说话结结巴巴，常常说不清楚话。这些奇怪的表现让全家人所困扰。

　　当孩子渐渐长大，他慢慢发现自己与同龄孩子的不同之处。他开始渐渐变得自卑，不合群，受到冷落。

　　有些孩子嘲笑他说话奇怪，有些孩子故意去回避他，甚至到了上学的年纪，连老师也常常选择去忽视他，以达到理想的授课效果。

　　孩子受到如此对待，很是无助，他也曾尝试着去练习、去改善，可每次发出的怪声让自己都觉得尴尬。

　　语言上的先天缺陷让他近乎痴迷地热爱上了阅读和写作。他学会在阅读中去倾听他人的心绪，在写作中宣泄自己的情绪。

　　他也常常去参加一些讲座活动，去倾听主讲人的思想，通过这些来充实他的大脑。

偶然的一次机会，他在某一次的讲座中发现了主讲人口中频繁提到的一个名字——德摩斯梯尼。他记下了这个名字，但他还不知道，这将会成为他人生中的一大转机。

　　回到家，他打开电脑，搜索这个名字。搜索结果令他眼前一亮："德摩斯梯尼天生口吃，嗓音微弱，还有耸肩的坏习惯……最终成为了雅典最有名的演说家、雄辩家。"

　　他欣喜地想着，通过练习可以让一名天生口吃的人成为著名的雄辩家，那一定也能让自己成为"正常人"。

　　他先是对着镜子说话，逐字逐字地发声，观察自己的口型。又把发音用录音机记录下来，反复聆听修改，直到父母认为他的发音自然流畅。

　　他每天数小时的练习期间，录音机不断地倒带重录。直到有一次，在它连续卡带数十次后，那台录音机也伴随着发烫和黑烟，在"轰隆"一声中报废了。

　　渐渐地，在不断的练习中，他发现了说话的技巧，已经可以流畅地说完一整句话了。

　　父母对他的表现感到惊喜又惊讶，开始帮助他一起练习，试着控制语速和语调。陪伴他，放松他的心情，纠正他的读音。

　　在不断的练习后，他的嗓子变得有些毛糙，声音也微微有些沙哑，像是得了重感冒一样。即使是这样，他的信心也没有丝毫动摇，还在练习的过程中不断进步，不断成长。逐渐地已经变得像同

龄人一样，可以与别人正常交谈了。

周围的人们也慢慢发现了他的变化。渐渐地收回了对他的歧视，用看待常人的眼光去看待他。

他开始变得合群，开始去参加集体活动。他变得乐观，变得积极向上起来。

老师请他分享自己克服口吃的经历，他声情并茂，流利且完整地讲述出整件事的经过。

几乎所有人都对他如此好的口才感到惊讶，大家现在才刚刚发现他藏在"口吃"的表象下的另一面——被掩盖着的才能。

他的父母开始四处打听，帮他寻找展现自我的机会。功夫不负有心人，他们费尽心思，终于找到了一个演讲比赛。

他在父母的建议下去参加了初赛。他起初还有些不情愿，但当他站上舞台，嘴里吐出第一个字符时，有了一种前所未有的感受。这种感受带给他无与伦比的快乐，他好像就是为了演讲而生的。他享受着，并珍惜每一次登台的机会。他从其中找回了失去已久的自信心，变得更加有勇气了。

他一路过关斩将，越战越勇。在数次比拼中获得高分，博得满堂喝彩。

到了决赛，他吊着的心终于沉了下来。最后的比赛题目揭晓了——"你的故事"。

看到这个命题，他的内心泛起层层涟漪。他想起了曾经的自己因为口吃结巴被别人嘲笑，想起了自己是怎样努力改变现状的，想起了比赛时次次博得的满堂喝彩……

轮到他上场了，他望向面前徐徐拉开的幕布，前方黑暗中的闪光灯让他感到晃眼。聚光灯投射出脚下长长的身影。我就是那个从黑暗中走来，向着光明前进的人啊……他想。

沉思片刻后，他清了清嗓子，理了理思绪，开口说话了……

具体说了什么他自己也记不清了。只是记得那次自己的感情流露十分真实，渲染力极强，仿佛是一整部成长史。不，应该说就是一部成长史。

他迷茫的时候，他孤独的时候，他默默忍受，努力改变的时候，唯有他的家人陪伴在他身边，给予他帮助，有谁能真正地去关心他，去理解他？他们只在他成功耀眼时关注到他，又有谁看到他默默无闻时的样子了？

我还记得很清楚，他说着说着，声音渐渐淡了下来，只是弱弱地说了一句，陨星，从茫茫宇宙中飞来，奋力冲破大气层，燃烧自己，只为绚烂的一瞬。我们不都是这样的吗？那些耀眼的星，不都是这样的吗？让全场催人泪下。

说完这段话，他下了舞台，悄悄地离开了赛场。

回到了家中，仿佛什么事都没有发生过一样，躺在床上的我默默地流下了眼泪。

张
陵
点
评

　　一篇很有情感，也很有哲理的散文。作者写一个有语言表达障碍的少年，在家人的爱和帮助下，终于能够走上演讲赛台，取得好成绩。看似是一个励志故事，其实作者还有其深意，成功就像一颗陨石，"燃烧自己，只为绚烂的一瞬"。这里，突破了励志主题的一般模式，提升到生命的哲理层面上。因此，结尾最后一句"仿佛什么事都没有发生过一样"才显示了理性的力度。

选择荒谬

☆张妤萱
☆武汉音乐学院附属中等音乐学校（武汉）
☆初中组

1

那年母亲问我，音乐学院和文化学校，你选择哪个？我蜷在沙发上，把头埋在柔软的抱枕里，嘟囔着说音乐学院。时隔多年我仍记得那日阳光的温度——杏子般澄澄的金色，空气中的灰尘闪闪发光。它流淌在我的掌心里，痛楚而灼热，同罗盘指针般决定了我的人生之路。

2

我偶尔也是会后悔的。当我如何拼命练习也无法改善演奏技巧，当我被专业成绩迎头一击，我把目光转向琳琅满目的书架——承载了我最初梦想的地方——都会在想，不受控制地呢喃：如果当年我选择了文化学校，是否我的作家梦就有了起点？心底的我口吻

严肃：她在质问。她的痛楚便是我的痛楚。如若回到过去，那个选择——我茫然着，在岔路口张望，询问自己原因。

如若拨开那层迷雾，有幸回忆过去——

3

她轻轻松松拧开了汽水瓶盖，气泡争先恐后地涌上来，"噗"的一声轻响。橘子味的，她说，口吻满是漫不经心。我发现我们并排坐在大院那棵香樟树下，风吹过的时候响起一阵摇铃般的声音。

挺好的，我也要去外地读书。她自然而然地把汽水塞进我手里，拿起属于她的那瓶，肩膀一耸，咕噜灌下去许多，用衣袖擦擦嘴角。你去武汉，我去广州，倒也是相得益彰。她的笑很洒脱，带着心照不宣、隐秘的胜利。

我皱着眉，没去纠正她的用词错误。我和她同时仰起头看天。大院的天空总是方方正正的，一只白色的鸟儿慢悠悠地飞过，还有几只麻雀停在树梢上叽叽喳喳。"你看呐，"她说，"以前咱们俩还羡慕鸟儿能蹿上枝头，现在我们可是要飞出去了！我妈可高兴了，说要给我买好多新衣服……"

"可是我舍不得你。"我低声说。她愣住了。我走过去拥抱她，还能嗅到橘子汽水味。"傻。"她喃喃道，推了推我的脑袋，这是你我的选择。我们终要飞出去的。她给我比了个噤声的手势，飞出去总要有点代价的。外面世界可好玩了，吃不了亏。以后我就可以给我的同学炫耀——我发小是个音乐学院的学生……

"我信你。"她说，语调铿锵。

4

我的裙子是白纱的。母亲说在台上，闪光灯打过来的时候，上面的水钻会闪闪发光，如同满天星辰。

台下的掌声震耳欲聋，还有人吹口哨；我想起来了，这是我最后一次参加市里的独奏比赛。我最后一个出场，却冲出重围，拿下第一。

我环视着整座剧场，观众席黑灯，光芒都汇集在我身上，一切鲜花、掌声都属于我。在那刻我万众瞩目，不由得挺直了腰板，昂首挺胸地走下舞台。我恍惚间记起自己很久没有表演过了，我拒绝比赛，只因为我在惧怕——惧怕自己迎接那盏灯光，惧怕自己迎接挑战，惧怕我的渴望，惧怕自己的选择。

我一下台，一位同样学钢琴的女孩就抱住了我，她微笑着，唇角高高扬起。你刚才太棒了！她快活地说，我一定要向你学习。我反手搂住她，挑了挑眉，那你先得选择它，它才能选择你。

选择。我蓦然惊醒，像溺水的人一样大口喘息着。我怎么说来着——我站在母亲和老师面前，斗志昂扬，语调活泼——我说我要

去音乐学院，我以后都要以钢琴为中心。

我选择演奏，选择未知、恐惧和茫然，我选择赞誉、鲜花和掌声。

5

"我身体里的火车从来不会错轨。"她笑着说，"那你后悔过吗?"

"曾经吧。允许荒谬。"

但我的选择不会退却。

张陵点评

这是一篇有才华有音乐旋律感的小散文。学习钢琴是非常艰苦的过程。但作者没有写这个过程，而是重在描写自己与音乐的关系，描写与朋友分离的情绪，描写参加音乐比赛时的心态，读起来，与那些励志主题的写作很不一样。整篇作品，虽然像情绪流一样任性随意，也没有特别明确的主题，却也跳动着旋律般的情感节奏，表现出对生活有了一种新的理解。也许，这是音乐赋予的某种灵性。

总有美好，开在小路尽头

☆刘蔚琪

☆南山实验教育集团麒麟中学（深圳）

☆初中组

在大人眼里，我也许是个乖孩子，没有令人恼火的习惯和张扬的个性，遇事随大流，听话得似乎有些缺少主见。

但正如山本在《蓝另一种蓝》中所写："我相信，世界上一定有另一个我，正做着我不敢做的事，过着我想过的生活。"很长一段时间里，这段话都被当成座右铭被我整洁地抄写在软抄本扉页上，女孩那种渴望逃离的悸动感和要挣脱一切束缚做自己的微弱冲动时刻伴随着成长——我想有自己的选择，但我害怕未知，害怕与众不同。

其实，最美的，总是最寂寞，最无人问津。

这是不久以后我才明白的……

那天，陪大人们去郊外看花。正值仲夏，在岔路口上一行人停了下来。他们犯了愁。地图显示，左边的那条是通向市花展的，右边的则去向不明。可我们的车着实通不过左边那小路，正要放弃掉，头车上有大人提意见，何不去右边看看？

我蜷在车里，暗笑他痴——通往美丽的路途已为你指明了，

何必大费力气去寻另一条杂草不生的歧路呢？车上的其他大人也纷纷反对。但那人坚持着。"要是小路也通向好风景呢？"他劝说我们。

无奈，一行人只好驶向右边的那条路。土路并不好走，一开始窗外是惯常的乡野景象，但令人意想不到的是，过了近十分钟后远处隐隐浮现出一大片动人的鹅黄。

"是花！"有大人辨认出来。全车人都沸腾了，司机停下车，人们兴奋地奔下车，向着那一亩亩灿烂跑去了。那天晴空似乎是正好，未见市花展的遗憾都被一扫而空，我跳下车，明艳的黄刺痛我灰暗忧郁的眼睛。有些惊诧，又有些感动，我一时间不敢走近那大片温柔得无以复加的黄色花田。

有什么东西在心中轻轻松动了。

我想起岔路口那个让我们选择右边小路的人，想起他坚定的眼角，似乎已经挂上胜利的笑容。当许多人选择光鲜，选择从众，选择被人流裹挟，去拜访一个大家都拜访的地方时，几乎没有人意识到，自然已经悄悄选择了偏远，选择了人迹罕至，选择了无人问津。

大亩大亩的艳黄色花田就这样开在小路通向的地方，我想起生活，是不是也是这样，总把更美好更独特的滋味埋藏在无人选择的地方呢？让它们在风中盛开，在阳光下跳舞，在如亿万亩金黄花田绽放的灿烂中等待。

"要是小路也通向好风景呢？"耳畔回荡着。

我向小路尽头那花田冲去……

张陵点评

一次不经意的选择，却柳暗花明般地看到一个好风景。这种平淡的生活细节，却在一个乖乖女心里荡起了情感的涟漪，变成了一段细腻可读的文字，有了一个小小的主题："要是小路也通向好风景呢？"作者显然非常注意观察生活，善于捕捉生活中不被人注意的地方，写出意义，让平淡的生活细节不平淡。可见，作者具备了一定的文学才能。

坚守心灵的选择

☆冯语涵
☆济南市舜耕小学（济南）
☆小高组

我们经常去想，世上如果有后悔药，我们就会去做我们想做的事，活出自己想要的模样，但选择是自己内心的映像。重来一次，我们或许还是会选择自己曾经的坚守。

选择是一个未知的赌注，你永远不知道，在这之后你要付出什么，又会收获什么。有可能是万丈光芒，有可能是无尽深渊。

现在我也很后悔当初的一个选择。那时，我还很小，在回家的路上碰到过这样一次选择。那是一个黄昏时分，残阳如同火红的蛇芯子笼罩着大地，它不同于美丽的夕阳，只让人内心隐隐不安。我低着头，加快脚步向家走去。走到巷口，突然看到我的邻居西西，只见她蜷缩在墙角，手不停地打战，头上大滴大滴的汗珠一点点浸湿了她的衬衫，眼睛中透着恐惧，而在她前面站着的是两个人高马大的哥哥。

看到这，我赶紧把头缩回来，一下子无端地恐惧，电视中抢劫的新闻一个个在我脑海中浮现，汗水如未拧紧的水龙头。后来，我听到那两个男人粗鲁地靠近西西向她要钱，可西西吓得只不停地说没有，放过我吧，放过我吧。这时，我想冲向前为西西打抱不平，拔刀相助，可是看到他们凶狠的样子，逼迫西西时的神情，我又畏惧了，靠在巷口的墙上，一动也不敢动。后来，我做出了令我如今万分后悔的选择——偷偷地挪动身体，绕路离开了这个地方，临走时，耳边回荡的是她一阵阵的哀号。可我走了，就这样走了。

第二天，上学时我碰见西西的妈妈带她上学，西西低着头，完全没了往日的快乐，眼中也没了星光。路上，她妈妈问我，"梦儿，你准备套尺了吗，我们西西说，老师让准备，我给了她二十元钱，没有你就和西西一起去买。"而我完全不记得有这回事，看着她，我又错上加错的选择——含糊地告诉了她妈妈，昨天的事只字未提。

现在回想起来，如果第一个选择是因为恐惧，第二个就是因为人性的自私，那种事不关己的心态。现在想想，这与鲁迅笔下铁屋子里的中国人有何区别。

我们总是自私地想着个人利益，而忽略了自己内心坚守的一方净土，面临选择正义的时候，却在选择得失，瞻前顾后。我们缺的不是选择时的一腔热血，而是要义无反顾地坚持自己正确的选择。

选择，一旦选定，无法更改。

张
陵
点
评

这是一篇自我反省的文章。看到弱者被欺负而不敢站出来保护，引起内心的不安，这是一种自觉的反省，也是一种心灵的自我救赎。有这种能力，说明善良与正义在心中还没有泯灭。有自我反省，才会有正确的选择。这篇文章能站在这个立场上去表现"反省"的内容，提炼"救赎"的内涵，也说明作品独特的思想立意。如果作品能够把思想进一步深化，赞美那些为保护弱者挺身而出的人们，主题的思想品质会更高。

醉于墨香，体味挫折

☆李初阳
☆西安高新第三中学（西安）
☆初中组

数间茅舍，书香萦绕；松花酿酒，春水煎茶。

——题记

停笔之时，一片银杏悄然滑落，在未干的墨迹旁停留。阳光透过银杏繁密的枝叶照进屋内，踩上去像是碎了一地的明媚。空气在阳光的缝隙中变得温和，还掺杂了一些暖洋洋的味道，细小的灰尘在阳光下肆意升腾，一圈又一圈地飘浮，似有阳光斑驳的味道，墙上的大字一如昨日般端庄。此刻，阳光仿佛静了下来，在氤氲的墨香里，在那个熟悉的"一"中。

外公的毛笔字写得极好，这是我从小便知道的。因此，每每外公在书房里写毛笔字的时候，我都会凑上去看看，并扬起自己的小手在空中学着外公的样子比画着，想象自己也在写大字，久而久之，外公看出了我对毛笔字的好奇和喜爱，于是"收了"我这个"小徒弟"。

儿时最熟悉，也最难忘的日子从那天就开始了——与墨为伴的

生活。

起初，外公教给我写毛笔字的姿势、运笔方式和诀窍。外公一再叮嘱我，写毛笔字心要静。水静极则形象明，心静极则智慧生。

听起来简单，但实践起来是真的不容易。

铺开宣纸，研好一砚新墨，用颤抖的双手握住毛笔，双眼死死地盯住笔尖，屏息凝神，慢慢地落笔，写了一个"一"，可是写完后看起来却像是一条病恹恹的毛毛虫，我不语，外公笑了笑，用那只握过几十年毛笔的手覆在我的手背上，施了些力向右轻拉，收笔时不徐不疾地一顿，一回，便留下了一个方正隽美的"一"。我不禁赞叹道："外公，您好厉害啊！不过，我什么时候才能像您一样啊？"外公又轻轻地笑了，说："孩子，练书法不可以急躁，你先试着让心平静下来。"我点了点头，做了三次深呼吸，再次拾起毛笔，重新尝试。落笔，运笔，收笔，这次的"一"比上次好看了，但是颜色深浅不一、粗细不一，又废了……再次尝试，我并没有像前几次那样直接开始写，而是先在其他的草稿纸上进行练习，我一边写，一边体会如何掌控自己的力道，让墨迹达到力透纸背、深浅统一的效果。不久，我惊喜地发现，自己写的"一"和外公写的越来越像。于是我一边默念着"下笔不离点，转折贵圆露"，一边在宣纸上写下这个艰难的"一"。写完后，公正又不失大气的"一"在阳光的照耀下熠熠生辉，记载着流转的岁月，阳光透过银杏洒在宣纸上，映在墨盒里，我才知晓，原来在墨香里，也可以醉。

银杏，斑驳了墙；阳光，洒满了窗；茶水，温度微凉；纸上的"一"，溢着古香。看着眼前这个经过多次尝试、努力才写出来的"一"猛然发觉：在人的主观和客观世界之间有一条"沟壑"，掉进去了，叫挫折；经过努力爬出来了，叫成长。或许人的一生就像是冰糖葫芦，挫折好似竹签，虽然带来了穿透身体的疼痛，却成了一生的脊梁！

马小淘点评

与外公习字，从简简单单的"一"写起，却体会到了超出意料的艰难……由气馁到思索，逐渐对挫折有了更深刻的认识。小作者的选材是合理的，只是没有将材料和立意更有机地结合在一起，稍显生硬和牵强。能看出小作者在遣词造句方面下了工夫，有修辞上的尝试和追求。只是沉浸在文采和辞藻时，更应注意材料和立意内在的联系，避免空洞。

身边物事

林荫小街——我美丽的梦

☆郭志青

☆黄城根小学（北京）

☆小中组

刹那间，落叶如同蝴蝶般上下翻飞，我的眼前闪过一抹一抹缤纷的色彩，将我的思绪带向了远方……

记得小时候，一出小区便能看见一条幽静的林荫小街。静静地走进那小街，一阵树叶的清香卷着花朵的馥郁便会扑面而来，温柔地将我包围……街旁一片生机，有一两棵参天大树耸立着，撑起这个小小的街巷；也有花朵怒放，为这片宁静带来芬芳。时而，还有三三两两的鸟儿被美景吸引，伴着匆匆来往的行人在枝头一展歌喉。但这美丽的童话世界还藏着一个最大的秘密……

来林荫小街的最佳时节是秋天。一进小街，整个世界都不一样了，这，是一个五颜六色的世界。我在小巷中左拐古拐，在谁也不知晓的时候悄悄溜进我的"秘密基地"——一块隐藏在树丛后的方寸之地。果然不出所料，里面又有一个全新的落叶堆。我扑进落叶堆里，如同一条小鱼，在叶间穿梭。欢呼着，雀跃着，松软的落叶铺在我身上，温暖的阳光照在我脸上，一切都是那样的完美。

忽然，一阵风骤起。落叶欢快地离开了枝头，在空中跳起了圆

舞曲，旋转旋转再旋转，有的叶片轻盈地落在地上，投入大地的怀抱中，有的叶片载着我的梦想，飞向了远方……那些叶子会飞到哪里？我不知道。我只知道，那是我新的起点，它们会越飞越高……

这条小街，是我童年天真美丽的梦的寄托所，是我小时欢乐的见证者。现在，我耳边依旧能听到那银铃般的笑声，看到那可爱的笑容……世间最美好的东西，大概就是如此吧。

张陵点评

作者有感而发地写了记忆中童年时代的一段往事。一条林荫小街，本来平淡无奇，但在作者心中却留下不能磨灭的记忆。因为这是林中那堆树叶收藏着作者美丽梦想的秘密。大概是这美景都已经逝去，让人无法忘怀。作品文笔自然流畅生动，反映出作者有一定的描写能力。需要注意的是，文中描写的，只是一种情感的片断，还不是很完整，还得不出"世间最美好的东西"这样的结论。

春风又度玉门关

☆侯祎嘉

☆西安益新中学（西安）

☆初中组

西风起，带着几声悠远的驼铃，在辽远的荒原上漫过，如泣如诉。

我是玉门关。几千年的潮起潮落，昔日王气蒸蔚的京城早已荒草丛生，精致的亭台楼阁也被风沙碾成尘。我屹立在这里，沉默着，一双历经沧桑的眼睛凝视着脚下这片记录了太多故事的土地。哪怕霜雪冰冷，哪怕日暮西山，也总有人沉声告诉这长空，这土地中的热血，一直在翻腾。

千年前，我第一次听到从那三秋桂子，十里荷花之地传来的脚步声。睁眼，一个从汉朝来的使者，被我铭记。他手执使节，漫漫黄沙之中，他仍显露出难掩的气势与锋芒。后来知道，他叫苏武。

那年，灼热的战火之后，平静第一次使我不安。但远眺，却看到他在那"北冥"岸边，倔强地举着手中的使节，在风雪中昂起头，不畏不惧。他就像这黄土，冬去春来，虽一言不发，但没有人能动摇他的信念，摧毁他的本色。十九年。故国千里，即使被"囚

于圆土"，仍执着前进，终归来。虽然他的背影不再挺拔，手中使节上的朱漆也已剥落，但我知道，十九年来，他心中懂得坚毅与不屈，从未改变。

我脚下的那条路，曲折是它的本色。连通中原和西域，古老的丝绸之路，勾勒出一个盛世的繁华。我还依稀记得，那第一个在这不毛之地留下足迹的人。他叫张骞，从长安，到大月氏、到龟兹、大食，他曾被囚禁，但后来逃出后又执着向西，也曾被怀疑，但他从未改变过前进的方向。因为心怀天下苍生，因为"臣心一片磁针石"的忠贞，他踏出了一条路，一条哪怕"疑无路"，也要竭尽全力去寻找"又一村"的路，一条从没有放弃，一直勇往直前的路。

当我再次睁眼，时间又过了一千年。我的目光，停留在河北的一片新绿之上。曾经的荒漠，已变成万亩林场，在春风中漾出一片生机。塞罕坝，一个奇迹的诞生。五十余年前，一队年轻人来到这里，土壤、树苗、铁锹、水桶，成了他们生活的全部。他们吃黑莜面，喝咸水，住草棚，一点一点地为荒原染上耀眼的绿。他们从未想过放弃，从未有过退缩。一个梦想，支撑了他们五十余年。他们说，不悔，因为这是青春该有的样子。

我知道，在冬天里奔跑，是因为向往春天；在寂静中守望，是因为热爱喧闹；在黑暗中呐喊，是因为憧憬光明。所有转折的到来，都是因为真正的坚强；所有改变的发生，都是因为永不言弃的坚持；所有奇迹的创造，都是因为从未丢失的坚毅。

春风已到西域，破晓时分，我迎着朝阳的万丈光芒，脱口而出："春风已度玉门关。"

马小淘点评

这篇作文充满了激情，有初生牛犊的气势和锋芒，读来有一股爽脆之气。苏武、张骞等等例证如数家珍，围绕主题提炼了他们身上的坚毅与不屈，较为精练恰切。同时，小作者表达顺畅，文采飞扬；段落分明，条理清晰，层层推进中凸显出阳光的主题。可能是用词都比较宏大的关系，一路高歌猛进，情感上略有些缺乏起伏。如果能稍稍收一点，可能会更好。

消失的街边文化

☆习景舒
☆石家庄市翟营大街小学（石家庄）
☆小中组

生活在当今高速发展的大都市中的我们，似乎无心注重有如白驹过隙般在我们眼中一闪而过的街角巷落，毕竟快节奏的生活使人来去匆匆。那些令人放松的场所甚至与现代的城市有些格格不入。

但我不这么想。

每当我走在上学路上时都会依稀记起我小时候的时光。那时妈妈经常带我去石家庄的各条大小巷陌散心：尝尝五七路板面，在路边买个缸炉烧饼边走边吃，回家时再要上一大袋子的爆米花……

但这些也只能是记忆了。

现在的市井全然没了这种氛围，当年卖爆米花的摊位也早已空空如也。顺手拐进一家小时常去的店，那种热闹的生活气息也已荡然无存。

那时这里可真算是热闹非凡：人们在露天的小桌小椅上坐定，就开始聊起了三五家常。那空气中独有的味道，周围人们的有说有笑，都使我记忆犹新。

而现在，过分整洁的环境拉远了人与人之间的距离；店与店之间的激烈竞争隔阂了各家的胡同。使人人都压力倍增。

　　这种两面性是城市快速发展的结果，同时也带来了负面影响。无论是消失了的旧街景、被拆除的老建筑，还是渐渐远去的街边文化，其实都是文化的积淀。这些街头的记忆，过往的足迹，都值得珍惜。在发展的同时，更要学会保留一些老的记忆，留住你我心中的街边记忆。

张
陵
点
评

　　严格地说这还不是一篇架构很完整的文章，但是体现了作者对正在逝去的市井文化的一种感怀随想，一种惆怅的片段。这里，透着作者的乡愁，也表达了作者的一些思考。现代化的进程过快，必然带来传统文化的过早消亡。我们不必去悲哀，但要学会珍惜。因为，我们所有的过往，都带着我们的情感，带着我们的生命，都不可忘怀。乡愁的本质就在这里。作者似乎抓到了。

向阳而生

☆苏畅

☆常州外国语学校（常州）

☆初中组

天光破晓润泽纤细枝梢，蓓蕾含羞掩面浅唱轻和。浅灰色石砖墙的前头，新生芽的樱花树长身玉立，光影疏落，在初春里亭亭玉立。

我很喜欢这株树。同它面前蔓翠生绿的大树们相较，它着实有些纤弱，三两花苞缀在枝头，弱不禁风。早春向来寒气袭人，今年又恰遇祸事，即便是为它——生命力极强的它，我都不禁捏了把汗。

从书房明窗前放眼望去，见它身姿窈窕，似是眉眼温柔的姑娘，温婉灵秀。时时抬头去望，那些花骨朵儿总是蜷曲着身子，不见什么大的变化。在我对这乏味日子生了些许厌倦之意时，是它惊艳了我的时光。

熹微的晨光里，花枝微颤。不经意间瞥向那株树，枝条一如既往地挺立着，几抹亮眼的粉红牢牢地抓住了我的目光。数目不少，已有十数之众。"小园新种红樱树，闲绕花枝便当游。"我在窗前端详着这历经千万才绽开的花株。细瞧一朵，五瓣儿薄薄的花瓣舒展着腰肢，众星捧月般环抱着花蕊。花瓣薄如蝉翼，底部深红若玫瑰色娇艳，边缘浅粉似流霞惹人醉，阳光浸润下如蝴蝶振翅欲飞；目力所及，全盛的鲜花和骨朵儿交错生长，却有一番早春景致，整株树仿佛都笼罩在圣洁的微光里。

再看，我发现了些端倪。朝阳一面的花朵繁多，而背光面的花枝上仅有寥寥几朵。这些玲珑的花朵寻找着适宜生长的环境，在阳光下绽放短暂而绚烂的生命，在每一个黎明里迎接新的希望。久久地凝望着窗外的繁花，我醍醐灌顶。

铺下纸笔，凝气提神。家门口的那株樱花树向阳而生，在乍暖还寒的春日里按时绽开了它应有的美丽。困难之中，阳光带来希望，黎明静候喜讯。这株樱花树很矮，也并不粗壮，它的美丽尚不夺人眼球；但在以樱花闻名的武汉，千万朵一齐盛放时便是惊心动魄的艳丽。一个人的努力兴许无法力挽狂澜；但前线的千万天使逆着光奔赴战场，却能让希望的曙光快些驱散黑暗，拥抱彩虹。

暗香环绕，鼻翼轻翕。我陶醉在樱花清浅香气里，不觉中悄然体悟。相信武汉的樱花，一定能在三月桃良里向阳生长，让这份久违的美丽来迎接海晏河清。

葛竞点评

这篇文章辞藻华美精致，读下来让人如沐春风，文字之美沁人心脾，看得出小作者有极强的文字功底，这是经过了长时间的阅读积累和写作练习才能磨炼出来的。文章中对于植物花朵的描写十分细致，将"樱花"写活了，展现出了一幅美丽的樱花景色。整篇文章自然生动，结构紧凑，比喻的修辞手法用得恰到好处。末尾处还把武汉与樱花连接在一起，体现出向阳生长，永怀希望的深刻主题。

勒着青藤成长

☆吴子玥

☆陕师大附中（西安）

☆初中组

家门口的树不幸被青藤缠上，藤墨绿，树白净，就显得极为刺眼。

正好那几天我因为课业加重而心生不快，不免也怜起树来："它早晚要被藤蔓给勒断的。""这不一定，有一天它会成活的。"妈妈安慰着我。

青藤越爬越高，密密的枝条将树干勒出了疤痕，几根新枝直接被勒断，伤口淌出了白色的汁液，是树的泪水。树也借着每一阵风，拼命抖动枝叶，想从青藤中挣脱出去，怎奈青藤抱得太紧，挣扎只会给树留下更深的伤疤。"它和我真是难兄难弟，它被青藤压着，我被作业压着。" 我略带嘲讽，妈妈却笑而不语。

一段时间后，树习惯了被青藤缠绕的日子，不再与藤较劲，开始一个劲儿地向上伸展，新芽争先恐后抢夺尚未被缠绕的枝干，争着接受阳光和雨露的滋润，争着吐出一嘟噜一嘟噜的叶片。树忽略了青藤的存在，只顾向上成长。我习惯了压力巨大的生活，开始加快速度，充盈自身，我们都成长着。

叶片缓缓长大，时间在书影中不经意地溜走。树生长的速度快得惊人，才小半年就蹿出一两米。原先耀武扬威的青藤也服帖地依在树上，树长到哪儿，它也就缠到哪儿，与树共享阳光。我将学习任务打散，每周为自己留出点时间，看看书、跑跑步，倒也分散了压力。

"你看，树被青藤缠住后选择向上生长，而不去与青藤抗衡；你也一样，面对压力你选择去适应它，去强大自身，以此来使自己成长。"妈妈这样告诉我。

树被青藤勒着，却爆发了更强大的力量去向上生长；我被压力缠住，却激发出更大的精力去充盈自身。勒着青藤成长，固然会痛苦，会挣扎，但只要正确对待自己的"青藤"，必会在它的压力之下激发更多的动力，去进步，去成长。

顿悟！

马小淘点评

小作者借着家门口的青藤缠树隐喻自己的生活，自己仿佛树，而学业的压力仿佛藤，角度巧妙，清新流畅。树在青藤的缠绕下依然蓬勃生长，"我"调整心态，以更积极的态度面对学习，"我"与树都以强势的成长，战胜了压力。在短小的篇幅中，小作者切入点朴素平实，紧扣主题完成了叙事，情感真切，心态阳光。只是结尾略显草率，如果再从容一些，会使文章更加完整。

春天里

☆陈一璟

☆南京市紫东实验学校（南京）

☆初中组

仲春，理应是百花齐放、万物复苏的季节——褪去了初春的微寒，世间万物都应该张开口歌唱，不该缄默。而那墙根下的孩子却一脸愁郁，脸上没有一分属于春天的气息……

因为台词功底扎实出色，可能还有几分天赋，我被招入校剧团，很快成为了剧团的"台柱子"。可是在那个春日的早晨，我却被告知新剧本中，本应该属于我的角色给了别人。积极的兴趣彻底熄灭，我在放学的路上彷徨，在夕阳余晖的照耀下，沿着墙根踽踽独行。

我偶然瞥见路边原本破败的花坛中开满了鲜花，五光十色夺目非常。我却无法醉心于这春之美景，想来万千事物间的悲欢并不相通。

可是在那一刹那，我似乎看见了不寻常的事物：姹紫嫣红中，一抹不露眉眼的绿悄然隐匿，怯怯伸了一只手往外探。

这一抹绿色丝毫不像一旁的春日喧嚣，它寂寞又无言，仿佛自有自的瞬息。

我的步伐在那一刻被按下了暂停键，轻轻移开碍眼的草团石块，细细端详它。

随着我的动作，嫩绿的真面目逐渐浮现：细溜溜的茎秆，初萌的新叶，顶端还发着鹅黄的芽穗，无一不昭示着一个新生命的到来。虽然前一刻还被粗石尘埃覆盖，但下一眼看见它的时候，它便挺直了腰杆，虽然是文静而不喧闹的，但别有灵气，巧笑倩兮美目盼兮——这才是当真属于春天的尤物，一棵四季豆苗。

我不禁揣测起这豆苗的身世。也许它是附近居民搬运农备时，不小心从袋中撒出的种子萌出的？又或者是与乡下的运输车一同前来，却无意中被丢弃的？一言蔽之，命运多舛。

可我全然无法在眼前这棵豆苗身上看出这些，我只能看出它的苗壮。它在花坛的一角默默成长，吸收营养，沐浴阳光。虽然无人关注欣赏，但长期在环境的锤炼下，它一定会将手中的累累硕果一一奉上，供人品尝。

自身美丽，必然有背后的积淀；自身明亮，才能迎来荣誉的星光。

我站起身，眼中的自信重新又回返。我向家中走去，身后沐浴着夕阳。

没有人会知道，一个孩子在这样喧闹的春天里，进行着自己和一棵豆苗的无声对话；更没有人会知道，一个孩子在这样天真的春天里，为何会突然无声地长大。

　　小作者从自身遇到的烦恼与困顿出发——在校剧团里的角色被别人换了，于是在姹紫嫣红的春天独自愁眉不展。小作者将自己与一棵豆苗联系在一起，面对这看似不起眼的小小细细茎秆，完成了一次自我成长。文章选材贴近现实，看似信手拈来，却诚恳动人，少年的落寞与思索，令人感同身受，读来清新、真挚。

单元二

生活在别处的 ta

三娘

☆方希文
☆武汉大学第二附属小学（武汉）
☆小高组

2019年11月2日，三娘溘然长逝，享年九十一岁。

三娘的丈夫在家中排行第三，所以大家都亲切地称她为"三娘"。三娘二十八岁时，她的丈夫在抗洪中受了工伤，不幸去世，县政府出于关照，给了这孤儿寡母一家六人武汉市户口，三娘便在两年后收拾盘缠，携着一女四子乘小船从蔡甸常福镇搬去了汉口。

汉口天一后街，那条只够一人斜着身才能穿过的窄巷里，光线阴暗，泥土潮湿松软，是蚯蚓的集聚地，空气中也充斥着腐朽的气味。角落里那栋两层的旧板房，松垮得风一吹来仿佛就要倒，二楼便是三娘一家的落脚点。

三娘家最值钱的东西是一张略微泛黄的黑白半身结婚照，用糨糊规规矩矩粘贴在塑料镜上。照片里三娘梳的两根粗麻花辫娴静地垂在胸前，鹅蛋脸上镶着明丽水灵的眸子，笑得很是腼腆。

三娘没怎么上过学，只认得自己的名字。在那个年代，微薄的抚恤金根本不足以养活这一家六口，为了让五个不足十来岁的孩子填饱肚子，三娘用尽一切她能想出的办法赚钱：搓麻绳，卖早点，

当裁缝，在茶馆给人添食端水，也开过小旅社……

三娘特别爱笑，嗓门也大。她对街坊邻居永远都是一副笑眯眯的模样，大家围坐在巷口的茶馆说笑时，偶尔喜欢调侃三娘，三娘听后也不闹什么脾气。但是如果有人冒犯了她，即使只是脱口而出的一句，三娘立刻就会用手指拨弄起桌上的碗碟，做出一副释然的神情，嘴角轻轻向上一挑，漫不经心地回敬别人。脸上带着笑意，话里暗藏尖刺，这种恰到好处的自然，反而比怒骂更有威慑力。

有人劝三娘改嫁，说再去挑选个好人家，三娘不情愿，说怕孩子们可怜。她知道有街坊改嫁之后，跟人跑了还把孩子扔了，家里五个孩子自从听闻这件事，虽不是全明白，但也朦胧地察觉到危机感，所以只要三娘收工得晚，就一齐立在门槛上，焦急地向外张望，三娘瞧见孩子们这副紧张样，忙给几个孩子宽心，半悲半喜地微微皱着眉，抿着嘴唇笑了："我哪里也不去，现在这样生活，就挺好……"

三娘三十五岁的时候，四儿子染上了肺结核。医生说肺上已经破了一个洞。这病在当时，是会要人命的。但三娘不愿放弃，带着四儿子到处求医问药，听说土方子蜂蜜泡花生可以治，尽管三娘当时穷得连肚子都吃不饱，却也东拼西凑，熬了一罐，每天都给四儿子吃。远亲看见三娘一个人带五个小孩，当中还有一个重病的儿子，实在是困难，提议过继一个给亲戚家，三娘咬着嘴唇半天说不出话，许久后才将眼神无奈地垂落到地面，勉力一笑，那天傍晚，三娘一个人坐在床边，不觉间泪湿了枕巾。直到黎明破晓之时，她孤寂无助的后背，又重新挺了起来。最后三娘还是挑了最聪明俊俏的三儿子过继给了远亲。

远亲带着过继的儿子回来看三娘的那天，三娘赶在日光苏醒之前就起了床。在远处就瞧见三儿子一身的新衣，脚上还套了油亮的皮鞋。三娘出神地望着那双罕见的皮鞋，愣了好一会儿，才回过神，轻轻眯住眼，颤抖的嘴角流露笑意，叠声道："好，好，都穿上皮鞋了啊！"然后抬起手背揩掉眼眶渗出的泪，往围腰上来回摩擦几下，转身倒水去了。

三娘一向不喜欢彰显脆弱，只有在一片沉寂的夜里，盯着塑料镜发呆，让低落的情绪在寂静中独自消化，继而边笑边抹一把眼泪。她不需上天命运的怜悯，凭借自己的乐观坚强，经过细心照料，四儿子的肺结核也被慢慢治愈了。

四儿子的病刚一痊愈，三娘就再度琢磨着，要接三儿子回家。可两家之间也经常来往，看到三儿子原本肌瘦的身躯变得油光水滑，白胖娇嫩，想必他在亲戚家生活得很不错，三娘也就把嘴边的话咽了下去。

五十二岁时的三娘，用积攒了半辈子的二百元买下一楼的地皮。过了五年又和孩子们一起凑齐一千元盖了三层楼的水泥砖房。

日子越过越充实，饿肚子成了回忆，但是坚韧不屈的傲骨已深深长在三娘的身子里。三娘比以往更爱笑了，晚辈来拜访她时，她

总喜欢用手将一将齐耳的银发，伸着枯树皮般的粗糙的手，抚摸晚辈的掌心，再用深邃的双眸静静瞅着那晚辈，慈笑道："现在日子好了，我每天吃饱穿暖，很好了，已经很好了。"

三娘这一生，历经战争、洪水、丧夫与饥荒，可她仍然是一脸笑容，坚强地挺过去了。

爱笑的三娘，让我更加坚信，生活的磨难，能够铸就坚韧的灵魂；命运的逆境，能够增添无畏的勇气。

——谨以此文献给我去世的祖奶奶。

葛竞点评

整篇文章具有强烈的个人写作风格，文字语言细腻朴实，文笔流畅，行文舒展自如，自然洒脱，难能可贵。全文用一个个小小的生活片段将三娘的一生娓娓道来，性格描写和动作描写都细致入微，具有强烈的画面感，字里行间将一个坚韧而又伟大的女性形象展现出来，非常有感染力。

秋叶的凋零

☆张艺馨

☆通化县东来乡海联学校（通化）

☆初中组

秋叶的凋零，是风追求自由，还是树的不挽留，也许都不是，是秋叶满怀春的希望才投身淤泥，所向披靡。

秋日的午后，阳光慵懒地洒下，空气中却不乏凉意，风轻起，枯叶纷纷凋落，不乏悲凉。他本是班级的优等生，期末成绩却一落千丈，本以为他只是一时没发挥好，直到一天父亲轻蹙着眉，有些惋惜地告诉我："你们班那个学习很好的同学查出了白血病，可惜了……"

年华似水，执手难留。转眼一个学期过去了，他也因一直在治疗无法上学，所有人都以为他荒废了学业。

清晨，睡眼蒙眬地踏入教室，有些昏暗的屋内零星坐着几个人。无意一瞥，却惊觉那个空置几个月的座位上坐着一身校服的他。他坐得笔直，曾经合身的校服却变得肥肥大大，蜡黄的脸上，双眸如一汪清水，澄澈而平静，身边有同学在吵闹，他却充耳不闻，视线所及是一本厚厚的练习册，他一手压着白纸本，一手紧握着笔疾速写着长长的证明过程，我忍不住探头去看，每一个字都端

正工整，每一步都一丝不苟地陈列在纸上……我惊诧于他一如既往的认真，更多的却是心灵的震撼。风轻起，一片秋叶卧在窗棂边，又随风翻转，融入泥中，令人不解于它的选择，又令人震撼于它的坚定。

平静如水的日子里，他依旧最早到校，在喧闹中坚守着一片宁静，在浮躁中保持着一份认真，日复一日。

我仍不解于到底是什么力量，让他在不知多少次的放疗、化疗后吃力地学习着。那天，老师谈到梦想，他平静的双眸第一次泛起了涟漪，老师问他的梦想，他不自觉地轻轻扬起了嘴角，瘦削的脸上漾起欢欣："我想当医生。"很轻，很短的一句话，却很坚定，每一个字似乎都溢出希望，老师直视着他满是憧憬的眼睛，意味深长地笑了。窗外，春光里干枯的枝干悄悄抽出嫩芽，也许这就是秋叶的新生……

接连几次的考试中，他的成绩节节高升，似乎病魔从未来过。

窗外，梨花开得正盛，雪白的花几乎压弯了枝，风轻起，花香缠着衣角，掠过熙攘悄入鼻息，全不见旧时落叶荒凉。也许，这就是秋叶的希望，亦是他的希望……

满怀希望，就会所向披靡。

——后记

文字娟秀灵动，闪烁着少女的细腻。无常人生中依然执着学习的少年形象亦令人动容。小小年纪就能共情他者的苦难，足见心地纯良，就敢于描写人生的起伏和变故，勇气可嘉。能看出小作者打磨词语的愿望，一些修辞略显生涩，可以尝试写得更质朴一些，也许反而可以凸显出故事中动人的情感和内在张力。就这个篇幅而言，结尾的后记也略显匠气。

没有一朵花会错过春天

☆徐子盎
☆渭南市北塘实验小学（渭南）
☆小高组

她在上交的作文里这样写道："从来没有人注意过我。我的生，我的死，都与这个薄凉的世界无关。"

没有人明白，在这颗幼小的心灵中，为何会溢满那么多不可名状的哀伤和绝望。当然，她的老师也一样。那是一位年过半百的老头，言语不多，虽教学经验极为丰富，但这一刻，却不懂得如何与这位年龄差将近四十岁的女孩儿尽心交流，去告诉她如何面对生活的悲苦。

他在陈旧的教案本背面上打了很多遍草稿，把明日要说的话，一一罗列出来，整理，像研究一部旷世巨著。尽管如此，还是觉得语言苍白到无力。

春天的阳光依旧透过窗台，照耀在每个孩子纯真的小脸上。所有人之中，她离窗台最近，可还是心如冰冻。她没有朋友，没有疼她爱她的母亲，就连唯一对她稍好的可依靠的外婆，都在前些日子里病故了。她的生活一片狼藉。有的同学说，她暂住在孤儿院，所有的费用都由政府承担。她得继续生活下去，得为远去的母亲和外婆坚强地活着。可有什么理由，让她继续下去呢？那一点点可寄托的温暖，都这么无情地别她而去了，她还有什么理由相信温暖？

他站在宽阔的讲台上，以最平和的语调讲完了课，宣布下午外出游玩。所有的孩子都欢呼不已，只有她，静静地眯眼歪靠在窗台上，对着路旁的野花发呆。所有的孩子都有自己的朋友，一起游戏，分享自己的快乐。她坐在绿草之中，看着天际不断变幻的流云，怒放的花朵，簌簌地落起泪来。要知道，几十个小时之前，她还是一团恣意享受天空的云朵。

他穿过操场，气喘吁吁地来到她的身前。她侧脸抹泪后，镇定地叫道："老师好！""怎么不和同学一起玩呢？"他一边喘气，一边问着。"老师，我和他们不一样，他们有值得快乐和幸福的全部理由，而我没有。"

他将了将花白的发，拉着她的手，走进花园深处。顿时，一阵沁人心脾的花香从远处缓缓涌来，包围了她前行的路。他问："这些花，你认识多少？""大都认识。譬如，那是迎春，那是瑞香，那是玉兰，那是……"她对这些花名如数家珍。她的外婆生前爱花，因此，她自小受了熏陶。他微笑着，看她在盘点花名的时刻慢慢活泼起来，显然，她在环视花朵的同时，也渐渐沉浸于百花争艳的美景中。

当她气喘吁吁地将园中的鲜花点过大半时，他问了她一句话：

"你能把此时没开的花点出几种来吗?"

她顿时被难住了。园中之花,大大小小,不下百种,却没有一种隐藏着身形,躲避阳光。他说:"想想吧,明天告诉我,为什么它们都会竞相开放?"

当夜,她想了许久,从外婆遗留下来的书中找到了答案。次日,她从季节、温度等客观存在的因素,向他解说了为何花朵都会竞相开放的原因。

那个问题之后,她回到教室,如换了一个人似的。她主动和同学搭话,帮助他们解决难题,组织班里的课外活动,维持课堂秩序,等等。

很多年后,她站上明媚的讲台,成了一名优秀的人民教师,她也带她的学生去看花,点花名。她也曾问过一个忧郁的孩子,为什么花朵都会在春天竞相开放?

次日,当那个孩子急急忙忙跑来要告诉她答案之时,她将当年老师给她的那张纸片递给了那个孩子。泛黄的纸片上,坚定地写着:"没有一朵花会错过春天。"

一个像寓言一样的故事，一个带着意境的故事。两代老师的故事，用一张"泛黄的纸片"联在一起，写出了一段"爱"的佳话，短小精悍却让人回味。作者非常善于观察生活，具有一定的感悟能力。同时，作者还非常善于捕捉生活的细节，写出细节的亮点，突出主题思想。文章叙述朴实简洁，语言有文学的表现力。有些用词可以进一步推敲，如用"明媚"这个词去形容"讲台"，似可以再斟酌；再如"泛黄的纸片上，坚定地写着"一句，"坚定"一词用在这里，不太合适。

朝阳的小蓝花

☆李依蔓

☆重庆谢家湾小学（重庆）

☆小高组

　　去年，我父母出差，将我留在身为医生的亲戚家里。医院中，一间病房令我留下了深刻的印象。

　　放学后，我偶然走到一间病房门口。隐隐约约的杂声从中传来。我好奇地倚在门框上，探头向病房望去。里面，一个少女满脸怒容，正疯狂地砸着病床。她读高三，正逢高考。她似乎充满了愤慨，眼眸中含着泪花。她把不满与委屈尽数发泄着，直砸得手掌通红，病床颤抖，好像有多大仇怨似的。仿佛有一个黑盒子，将她推进无边的黑暗。她压抑，她喘不过气，别人光明的前景令她眼红，令她抓狂。她只能恨着眼前的一切，只能留在黑暗之中……

　　她无力地瘫坐在病床上，缓慢地合上眼皮。她紧握着通红的双拳，胸脯不停起伏着。忽然，她赌气似的猛蹬一下受伤的腿，巨大的痛楚瞬间袭来，她禁不住紧锁眉头，倒吸着凉气。一阵风拂过，一滴晶莹的泪水也随之悄然落在床上。她的头埋在臂弯里，泪水从缝隙中涌出。最后一抹夕阳拂照在背上，同时也洒在一朵干枯的小蓝花上。她抹抹眼，勉强抑制住眼泪，默默地注视着夕阳下的小蓝花。她忽然抬手，将一股清流注入进小蓝花的生命里。她似乎平静了下来，只是若有所思地望着窗畔……

第二天清晨，夜晚潮湿的空气还未完全退去，黑幕留下的雨珠仍挂在窗檐上，鸟儿也在枝头欢鸣。一个单薄的身影坐在窗前，借着晨光挥动着笔杆。她的脸色略显苍白，却嵌着一双如火炭般灵动，充满倔强的眼睛。她的脸上，仍隐隐残留着昨夜的泪痕，但浮现出了微笑。她抬起头，拿起似乎早已准备好的清水，滋润着窗边的小蓝花。她仿佛更加开心了，眼眸中闪烁着点点星火。

以后的日子里，不管何时，我总能瞧见一个背影在窗边忙碌。小蓝花也重新挺立起来，在风中摇曳。她变得坚强起来，犹如小蓝花般勇敢。

一天，两天，一周……一个月过去了，她走出病房，奔赴考场。她走了，我不清楚她的名字，我想我永远无缘知晓了。但我会诚心为她祈祷，为她祝福。

小蓝花不见了，它被重新栽进花盆里。淡蓝的花瓣，散发出清新的光泽。风儿拂过，它在微微颤着，昂着头，向着浩空。小蓝花沐在阳光里，朝着朝阳，朝着新的一天微笑着挺进……

张
之
路
点
评

李依蔓同学用自己的视角目睹了一个受伤住院的女孩与病痛斗争的过程。很有画面感，就像一个个镜头传递着女孩与命运抗争的故事。行文时希望作者在关键的地方能够有所铺垫、书写。比如我在亲戚家，怎么到医院来了？偶然还是因为什么事情。再比如眼中的女孩"忽然抬手，将一股清流注入进小蓝花的生命里……"是用杯子，还是用手捧的水？这些地方的关键词不好忽略，因为这正是给读者视听的介绍。

一株绿绿的蒲公英

☆王赫俊
☆西安市灞桥区庆华小学（西安）
☆小高组

夏日的午后，地上余气未散。我向窗外望去，门前的小院萌生出了一株蒲公英。和风微拂，吹起了一柄柄洁白如雪、轻盈如羽的小伞。飘飘悠悠，随风远逝，飞向那不知名的远方。我的心随着漫天飞舞的蒲公英一点一点飘向爷爷的掌心。

爷爷时常在田间忙碌，蹲着身子，弓着腰，一手撑着地，一手抓着镰刀细细找寻杂草。草帽压着他的脸，汗水常常浸透他的衣裳，可爷爷毫不在乎。看着自己亲手种的大片稻谷，爷爷常常嘴角上扬露出满意的笑容。

旧年的夏天，正值三伏，我回到农村老家看爷爷。可爷爷已经去看庄稼了，听奶奶说，爷爷执意要去，还不停地唠叨着："再不去虫子就要把咱的稻谷啃光了。"过了好长时间，爷爷扣着草帽，撑着头，趿着鞋，拖着镰刀，一步步挨着从田间回来。正如我们一家人所担心的那样——爷爷中暑了。

我望着爷爷蹒跚的脚步，强撑着疲惫的表情，不知何时泪水早已模糊了眼睛。蓦地，我想起了一本书上所记载："蒲公英主治消

炎败火，清热解毒。"是不是采些蒲公英给爷爷服下就能让爷爷消暑？我暗暗想着。于是我偷偷挑了一个篮子，假借出去玩耍为由，顶着辣辣的毒日从前门飞快穿出去，然后又绕到后山去。

后山绽放着姹紫嫣红的花儿，一朵朵花瓣平伸出来，一簇簇绽放在一起，花瓣便堆叠了一层又一层，蒲公英真可谓万花丛中一点白啊。我小心翼翼地拨开花儿，仔细寻找那几点雪白。似乎蒲公英长着脚，一不小心受了惊吓就会跑掉了似的。突然，一团毛茸茸的东西触到了我的掌心，散着阳光融融的暖意。我把手翻过来一瞧，嘿，真是蒲公英！一把把"小伞"从花心撑开，在夏日的映照下分外可爱。我捧住花茎，轻轻一折，放入篮子。在后山转了一遭，只寻着十几枝，于是我便想去前面的田间看看。

我从花堆中挪出脚，到间阎的尽头，再走上一面土坡，跃过一条小路，便踏上了去田间的泥路。前几天刚下过雨，地上坑壑遍布，积着一汪汪雨水。泥泞的小路上留下了车辙，一条条的直通远方。我时常留着神，不但要注意路边有没有蒲公英的身影，还要注意脚下泥泞的路。

这条路崎岖不平倒不算什么，主要是路上有一堆大石头，爷爷以前从来不走这条路，总是从村镇的左侧拐个弯上去，我挎着竹篮，在这堆大石头前停下了脚步。要想采到更多的蒲公英必须得翻过这堆石头，我的耳边传来了一阵话语："篮子里面的就不少了，已经够了，直接回家就行了。"随后我又清楚地听到另一席话："采得越多爷爷的病好得越快，爷爷在田间忙碌耕种，难道你忍心为爷爷的病而退缩吗?"爷爷弓腰的背影深烙在我心中，那是一个微小的身影，更是一个伟大的存在。我的身体仿佛在大石堆间跳跃，几番上下左右跳跃终于跨过，提着篮子高兴地去找蒲公英，我仿佛看到了满满一筐的蒲公英，仿佛看到了全家人的笑容，看到了爷爷精力充沛的样子。

石堆下的我，仰头望着面前的困难，而我的目标不是在困难面前停滞不前，而是越过它去往前方的彼岸!

我的心中回响着这份信念，久久不去……我的腿不颤了，身不抖了，只要勇敢战胜它，爷爷的病定会好起来的!区区几块石头，翻过去就行了，小小的一个困难，战胜它就行了。我顿时感觉全身充满了力量。于是我大胆地跳到第一块石头上，用膝盖撑住石头向上一攀，再用双脚搭在石面上，擎住石棱，跃到"峰顶"。挎着竹篮，身子向下一欠，稳稳当当地踏在石板上，脚跟踩住石缝，一步一步走下来。我的脚踏在地上，回头看看这堆石头，深为自己的勇气感到自豪，我的脚下仿佛踏着风，飞速奔向田野。

远方的太阳在稻穗的麦芒上折射出缕缕金光，久违的凉风习习拂过，漾起满天飞絮。我抬头一望，湛蓝幽远的天空缀着一团团飞絮。啊!那竟然是蒲公英，一群美丽纯洁的天使!我循着那一把把小伞的来源，采到了满满一筐的蒲公英，真是"好风凭借力"，好似"山重水复疑无路，柳暗花明又一村"，在我徘徊辗转时，看到

了希望的曙光。

这时，夏日阻不住东奔西跑的风儿，正如困难阻不住我欢快的脚步。我笑盈盈地挎着一篮蒲公英回到家。果不其然，爷爷一服完它，休息了一夜，病第二天就好了。

如今，留一株蒲公英在这夏日里与我面对。我伏下身，看着它绿油油的茎叶，不禁伸出手捧着它细细观摩，是你教会了我如何在逆境中成长，是你让我看见了逆境中期待的曙光，是你让我明白只有奋力面对困难，定能发现其中蕴含的无限希望。

蒲公英偎在我的手心里，散着阳光融融的暖意，让我认识到了困难的意义，在我心中荡漾，久久不去……

张陵点评

这篇散文一个很突出的优点，就是心中有农民，有劳动者，有人民情怀。作者回到农村看到爷爷年纪这么大了，还在田间辛苦劳动，心里有所触动，就想到去采集田里蒲公英给爷爷煮茶解乏，为爷爷做点事。正是这个动机，引发了作者对蒲公英的描写与赞美。作者写着蒲公英，心里却是想着爷爷的艰辛。于是，小小的蒲公英有了一丝新意。由此，作品的主题就超越了一般的景物欣赏，有了不同凡响的人文内涵。虽然作品语言还有些稚嫩，却在字里行间透着一种单纯之美。

街边的小事

☆罗旖旎
☆广州市新港路小学（广州）
☆小中组

如果你仔细留意，你会发现街边与街边之间有不同的风景与故事。有的是一路小吃，有的是老店新店，有的是高楼大厦，有的是梧桐林荫，有的人匆忙急行，有的人驻足停留，有的人在争吵，有的人在笑语。

有一天我和妈妈下楼买东西，在"钱大妈"门口有个男的蹲在台阶旁边，他身上穿着很破旧的衣服裤子，鞋子上沾满泥土，湿湿的，头发有点灰白，样子挺局促。他一直向店里张望着，却又不进去。那时，正是"钱大妈"每天下午烧腊新鲜出炉的时间。他的形象和店里的顾客形成了突兀的对比，特别刺眼。

这时，店里有个三十多岁的工作人员看见了他。她走到门口，试探地问他是否要帮助。男子站起来，不断搓着衣角，用带着我不知道是哪里的口音的普通话，说了一句："俺想买点鹅肉。"店员招呼他说："那你进来呀，我们的烧鹅是刚出炉的，而且今天的烧鹅特别漂亮！"男子摇了摇头，没有动，说的话我没听懂。店门口聚集了几个人，他们都挺好奇他想干什么。我也因为好奇，站在旁边

"看戏"。

经过大家的互相翻译，原来这个男人刚从工地回来，因为下了雨地上湿，他觉得自己的鞋子很脏，"钱大妈"又是卖菜卖肉的地方，他不敢进去，怕大家有意见。大家听了纷纷安慰他，女员工把他拉到了烧鹅窗前让他先选。男子局促地指了一下挂在第一排的那只鹅。师傅问他要一只还是半只，他又局促地小声说："要一两行吗？我给娃尝尝。"后面排队的一个大妈喊："一两一口就没啦！"男子真的很局促，我看见他进退两难的表情，忽然心里很难受。

这时，只见师傅手起刀落，斩下一只大鹅腿，朝收银台喊："烧鹅一两，三块！"

我看见男子小心地捧着盛烧鹅的饭盆，仿佛是绝世珍宝一般，他一边往外走，一边不停说谢谢，谢谢。

虽然下雨的天气有点冷，潮湿也让人讨厌，但这个店里的人让人很温暖，我仿佛看到男子的娃看见烧鹅时的兴奋，也仿佛看到男子作为父亲满足了孩子愿望的自豪，更看到了这个城市里人心的温暖。你来过，竭尽全力地为这个城市的建设贡献着自己的力量；你离开的时候，相信你也能带着这个城市的美好温暖走向下一个城市的建设。

初学写作者通常只会写自己的故事，不会写别人的故事。只会体会自己，不会体会别人。因此，学会写他者，学会体悟别人，正是一种写作上的进步。这篇作品，记录的正是一个他者的故事。一个很有道德水平的穷人，买不起半只烧鹅。但他担心弄脏店里地板的道德行为引起了大家的同情。事情虽小，却透着人情的温暖。作者以冷静的观察，描写了这个场景，反映了一座城市人与人之间美好和谐的关系。

冬日暖阳

☆冉小曼

☆成都市东城根街小学（成都）

☆小高组

　　这是一个冬日，车来人往，路人都行色匆匆，眼里充满迷离，只顾着往前匆匆地走，街上虽人流如潮，可似乎有什么被遗忘。

　　少年天天放学回家，都像往常一样，他每次都会去探望一下树枝上欢乐的小鸟。小鸟快乐地歌唱，天天心情也格外愉悦，今天，父母答应他如果考试成绩不错就给他零花钱，天天成绩本来就十分优异，这次也不例外，所以就能买到期盼已久的航模了！天天想着，内心激动无比。

　　可是，脚下忽然响起了细声细气的"喵喵"叫声，一只毛茸茸的小猫用可怜巴巴的目光呆呆地望着他。天天看着这只小猫，"有没有人能帮助它啊！"他想着，天天很想帮助它，可是该怎么帮助它呢？天天看着这只骨瘦如柴的小猫，心想：它应该是饿了吧！于是，天天拿出了书包里的牛奶，倒在地上，小猫狼吞虎咽地喝了起来。天天望着它，心中涌起一阵莫名的快乐。小猫喝完了牛奶，"喵喵"地钻进天天的怀里。天天抱着它走回家，心里忐忑极了。爸爸妈妈不喜欢猫，一定会把它赶出去的！可是……如果不把它抱回家，小猫可能会冻死的！天天不知道自己的决定是否正确。他回到家，心中忐忑不安，还是先把小猫藏起来吧！天天心想着，用棉被做好一个小窝，把小猫抱进去，等待着父母回家。

"天天，我们回来啦！"爸爸妈妈的声音响起。天天的心提到了嗓子眼儿……

"哎呀！楼道里怎么有只猫！"传来妈妈颤抖的女高音。"天天，是不是你干的?!"妈妈问，声音里夹杂着愤怒。

"肯定是！我就知道你喜欢猫猫狗狗的，陆天！脏死了!"爸爸也开始责备天天。

"快拿到楼下去扔了！多脏啊！"妈妈厌恶地看着那只可怜兮兮的小猫说。

"扔？可是……"天天满脸不情愿，同时扫了一眼小猫，他狠不下那个心来。

"给，你这次的零花钱，扔了就去买你要的那个航模!"妈妈听说要扔，终于松了一口气，同时递给天天一个信封。

航模！耶！天天拿起钱抱起小猫一溜烟就跑了。毕竟他早就看中那个航模了，而且非常喜欢，今天就能得到了，他别提有多么的开心了。

天天抱着小猫，跑得飞快，路过了一个宠物医院，这才想起了那只小猫，"我还是先带小猫检查一下吧，生病了可就不好了……"天天心想着，进了宠物医院。

"医生，您来看看这只小猫生病了没?!"天天很有礼貌地问医生。

"你要给它做一个全面检查，这猫是捡的吧!"医生盯着小猫。

"嗯。"

"你带钱了吗! 检查要×××元。"医生说。

天天数了数，买航模还会剩些钱，够了。他答应了。把小猫抱到检查台上。

检查结果出来了。

"你的猫患有猫瘟，结果为阳性，相当于人的感冒，不过它还小，一个月多点儿，所以小朋友，你要治就得输液，挺贵的。"医生告诉天天。

"多少钱?"天天问医生。

"要××××元，小弟弟。"

天天打开信封，看了看，刚好是剩下的买航模的钱。他犹豫了。

买航模? 他仿佛看到了小猫悲伤的眼神，仿佛听到了小猫凄惨的叫声……

救小猫? 他仿佛看到了梦寐以求的礼物在向他挥手，仿佛听到了航模的音乐渐渐远去……

"不，我还是要救小猫!"他看着小猫期盼的眼神，想起小猫迷人的叫声，咬咬牙，斩钉截铁地说。

他倒出信封里的全部零花钱，对医生说:

"给！"

"好，三天之后来取猫！"

天天回家了，看了看旁边玩具店里的航模，一点也不后悔，相反，他感觉自己现在比买了航模之后还要快乐。

之后，每天放学，天天都要来看小猫。看着小猫精神一天比一天好，天天心里像灌了蜜一样甜，不知为什么。

三天过去了。

"你的猫康复得非常好！"医生说。

天天的心里真暖和。冬天了，没有什么地方比他心中更暖。小猫毛茸茸的，睡着了，天天抱着它，小心翼翼地走着，好像他抱着一个珍贵的玻璃艺术品。

可是……快到家了，小猫怎么办啊！天天心急如焚。

爸妈还没回家，天天想：周末了，街上应该有很多人了，我看看有没有好心人想收留它吧。

只能这样了，天天抱着小猫，把它放在小纸箱里，拿起小板凳出去了。

街头，还是一样。人们说说笑笑没人理他。有人甚至还指着他笑，眼看着太阳越来越红，越来越低，还是没有一个人搭理天天，他越发地失望，越发地害怕，越发地难过了。小猫难道……他胡乱猜想着后来的发展，越想越恐惧。

突然，街边走来一个叔叔，他年纪不大，穿着红色志愿者的衣

服。他蹲下身来，看着这只小猫。

"叔叔，您能收留它吗?"天天先开口了。

"小朋友，能给叔叔讲讲它的故事吗?"叔叔友好地问。

天天把小猫的故事讲给他听。

"真是个有爱心的好孩子!"叔叔摸摸天天的头，说，"叔叔不收留它，但叔叔可以帮助它找家。"

"真的吗?"天天有点不相信。

"嗯嗯。"叔叔说，"我叫徐明，你可以叫我明叔叔。猫先养在我这儿，明天你放学了就在这儿等我。"

"好!"天天想到小猫可以找一个好主人，开心地答应了。

第二天，天天放学后就去找明叔叔，果然，他早早地就在那里等天天了。两人一起把小猫送去了新家，看着它开心地摆弄着电动玩具，天天心里暖暖的，与明叔叔相视一笑。

回家，天天又路过街头，他抬起头，看见了冬日里罕见的一抹暖阳，像烈火一般。像明叔叔衣服那样红的落日，照得他心里暖暖的……

这个故事，具备了小说的基本元素：有情节，有人物。领养一只流浪猫的过程，被描写得有头有尾，有声有色。先是父母不同意，后是小猫生病，再后来就是为它找新家。叙事有序，情节起伏，充分调动了读者阅读兴趣。作品主人公"天天"，人虽小，却很能为保护小动物动脑筋。他把买"航模"的钱全用在救治小猫上，写出了他性格中的爱心，给人留下深刻印象。

单元四

历史的星空下

危·机

☆石家庄市合作路小学（石家庄）

☆小高组

靠着冰冷潮湿的墙壁，沉重的夹板和脚链使我动弹不得。不远处狱卒的鞭打声，声声入耳，一声声凄厉的叫声渗透人心。"吃饭了！"狱卒边喊边从牢房外递进一盘发馊的饭菜，我用尽全身力气，想爬过去，可是浑身疼得动弹不得，抬头间，几只硕鼠已经将盘子团团围住，还时不时撕咬着争食。

我绝望地闭上双眼，脑海中又浮现出朝堂上皇上的神情。我，司马迁在劫难逃。我并不后悔替李陵求情，可如今我只能在这阴暗的监狱里度过。眼下还有一条路可选，如果我接受腐刑……想到这里，我不禁打了寒战，我堂堂七尺男儿怎能忍受这奇耻大辱，将来又有何颜面与九泉之下的父亲相见。父亲，我的父亲，我怎么才能对得起您老人家，当年我信誓旦旦答应您一定把您编纂历史的计划完成，如今儿子不孝，恐怕要愧对父亲了！想到这里心痛不止，仰天长啸，试问我该如何抉择！抬头，是暗无天日、插翅难飞的牢笼，这里的每一天都度日如年，倒不如一了百了！生亦何欢，死亦何惧！

另一个声音却坚定地告诉我："天将降大任于斯人也，必先苦其心志，劳其筋骨，饿其体肤，空乏其身，行拂乱其所为。你不能死，你要活着！"回想我司马迁一世，为官清廉，为子尽孝，为父尽责，为夫尽爱，为人尽诚！只要活着就还有机会，即使我的身体残缺不全，但我还有一颗完整的心。余生我将依靠着坚定的信念活着，一定要将《史记》完成。或许我终将为历史的灰尘，被掩埋在朝代的更迭之中，抑或成为千百年后人们茶余饭后的谈资，然而这些都已不再重要……

走出监狱的大门，刺眼的阳光扑面而来，我慌忙举起褴褛的衣袖遮挡。三年，恍若隔世，我终于挺了过来。回到家，轻轻关上屋门，从怀中掏出写好的历史放置在桌上，一页一页轻轻翻开，密密麻麻的文字映入眼帘。此刻我感慨万千，监狱里的种种艰难困苦并没有打败我，终于守得云开见月明！静静展开纸张，任墨汁在纸张上挥洒——人固有一死，或重于泰山，或轻于鸿毛……

"此人皆意有所郁结，不得通其道也，故述往事，思来者。于是卒述陶唐以来，至于麟止，自黄帝始"。放下笔墨，细数这历史长卷，往日种种历历在目。算起来已有十三个年头，《史记》终于写完了，他人常说居安思危，我亦说危难与机会并存……

　　这篇文章从思考角度到艺术审美都有较高的造诣。文章语言生动，有很强的代入感，读后也让人久久回味，可以看出小作者的文学素养。整篇文章如行云流水一般，带着我们在时空中穿梭，以第一人称视角进入，字字句句中饱含真情，让读者产生了对苦难和生命的深思，只有明白困难和苦难存在的意义，才能有勇气和希望面对困境。

天命风流

☆王子溟
☆北京八中（北京）
☆初中组

一千三百年后的今天，世人每每提起你时，语气中总是带着不自知的艳羡。

你的名字在不知不觉间早已变成了一个多元化的符号，甚至标志。有人以你来定义"天才"，有人以你来命名"逍遥"，更有甚者，将这两个汉字与历时二百九十一年的李唐王朝画上了等号。

你是李白，是天之骄子，是文曲星下凡，是一缕青云，是一轮月亮，是一朵幽兰。

似乎世间所有美的，肆意的，疏狂的颜色，都可以流淌进那半掩着的《全唐诗》里，在你的肖像上添上一笔。

在他们看来，你生来超然，你少年英才，你洒脱不羁。

没人会在意，也没人愿意去在意，当你挂印辞官拂袖而去时，那白衣翩然的背影里，是否曾淡淡地印上"痛苦"二字，那写出震撼历史的不朽诗篇的五指，是否曾颤抖地握着笔，流泻出郁郁寡欢的诗行。

你是韩愈大人笔下那匹能乘奔御风的千里马，只可惜，没能遇上真正惜你懂你的伯乐罢了。

在你身后三百年，有位名叫陆游的诗人写下过这样一句为后人传颂的诗：

山重水复疑无路，柳暗花明又一村。

面对着"逆境"这座高耸险峻，使人绝望的山峰，有人选择攀援而上，也有人半途摔下，堕入尘埃，或是直接选择黯然离场。

而你与任何人都不同，时隔百年，你与那位同样大名鼎鼎的陆游注定无缘相见，但你恰是他的诗。

"心有一隅，房子大的烦恼就只能挤在一隅里。心有四方天地，再大的烦恼也不过是沧海一粟。"

于是我们看见你拂袖离去。那个背影是定格在盛唐永垂的青史中的，与其说是落寞，倒不如称之为——

释然。

那不是逃避，黯然离场，也不是认命，随波逐流。那是"与尔同销万古愁"的潇洒，那是"直挂云帆济沧海"的豪迈。

"苦难既然把我推到了悬崖的边缘，那么就让我在这里坐下来，顺便看看悬崖上的流岚雾霭，唱支歌给你听。"

这是一件很难做到的事，因为人是复杂的。我们活在这个世界上，或多或少会受到俗世的牵绊。

或是亲人知己，或是功名利禄，又或者，是人人称道的"理想"。

当我们踏入这熙来攘往的名利场时，他们曾是我们的信念，是让我们坚持着走下去的动力。可当我们想要离开，他们又会化作最顽固的那一块绊脚石。

而你做到了。你在逆境中崛起，在挫折中洒脱。浔阳江头那位听着小曲儿，泪满青衫的江州司马，真该看看你，看看你不拘一格，活出自我的样子。

你赶在作弄人的天命之前认清了自己，觉悟了生命，释然了人生。

天命对你说：有的鸟儿是永远关不住的，因为它的羽毛实在是太亮丽了。李太白，你又能怎么办呢？

你微笑着回答：

不如归去。

那就走吧，抛却朱笔乌纱，抛却锦绣荣华，披蓑，仗剑，逍遥快意，浪迹天涯。

做你爱做的，做你自己。

感谢那位被美色与佞臣迷了心智的唐玄宗，在失去一只笼中夜莺的同时，为我们带来了一位永世难得的奇才。

毕竟你呀，本是下凡而来的谪仙人，你天命风流。

你喜欢写诗，而我喜欢读诗。

我读过很多人写的很多诗，他们来自不同的朝代，有着不同的身份，有的簪花小楷轻描风花雪月，有的挥毫泼墨大写家国人间。

而你与他们是不同的，你令我惊艳。你也写花草，写月亮，写美人，写边塞江流，可你的诗中我读不到脂粉堆砌出的俗气，读不到巧妙的精致，读不到令人抓耳挠腮的深奥。

回峰转笔，撇捺风流。

你的字里行间，埋藏着绵延万里的中原山河：花草，日月，生灵，景象，皆在其中。

有低头思故乡，也有我舞影零乱。

有万里送行舟的一脉江水，也有微澜起伏荡漾载着孤帆。

御花园内，如花似玉的妃子妆容艳丽，可以与牡丹一争高下。

朔北酒楼，黑衣侠客饮罢最后一口酒，横刀膝头静待夜色来。

你可以那么潇洒，琼浆玉露穿肠而过，笔墨挥洒，白衣纷飞，如画中仙，如眉间雪。

你也可以那么哀婉，百花丛中对月独酌，三分微醺，魂归故里，如海上帆，如月下蝶。

你说过，不敢高声语，是因为恐惊天上人。

但你，难道不是天上踏月而来的仙人吗？

你是那样多变。

不过十里软红尘飘尽，印入我心头的只那一首《侠客行》。

赵客缦胡缨，吴钩霜雪明。银鞍照白马，飒沓如流星。十步杀一人，千里不留行。

"事了拂衣去，深藏身与名。"

何其潇洒的一首诗，只是潇洒背后，封印了你历经数十载的风霜岁月。终于，随着最后一声鼓点，侠客收刀入鞘，将所有的不得志与不顺意混入酒中，一口饮下。

再站起身来，又是那睥睨无双的皓衣君子。

你真的做到了呀，李太白。

笙歌滟滟，不若归去。锦瑟虽好，不若离尘。

面对逆境，这又何尝不是一种更为不羁，也更为高贵的回应呢。

生年不满百，常怀千岁忧。昼短苦夜长，何不秉烛游？

在大多数人垂头丧气，从这座高山上跌下时，在极少数人四脚并用，尝试着第一个登上山顶时，李白转过身去，找到了属于他的那一片，山花烂漫如翡的"又一村"。

蓦然回首，那是一片未曾被探索过的无垠之海，有云归处，有蓬莱岛，有桃花源。

凝神再看，有故人徘徊不去，一如当年。

重新翻开半卷诗书，放眼望去，无数个墨色染就的蝇头小楷间，你竟是为数不多的温度与色彩。

当其他人在一方朝堂中尔虞我诈、巧取豪夺时，独自离去的你，早已驾驭长风，看遍世间繁花。

属于你的墨色里，流淌着江南的春桃，塞北的烟沙，三千里流水长江，三千里长空明月。

何以解忧？唯有杜康。

孰与解忧？唯有太白。

李白，我敬你！

敬你拨开了困顿的迷雾，敬你化消沉为力量，化腐朽为昂扬，敬你为后世留下的千百篇章。

至此，月光还是少年的月光，九州一色还是李白的霜。

上天为你扬一樽酒，万古生香。

余作天命风流为饮，此杯，先干为敬。

葛
竞
点
评

看得出小作者为了读懂李白做了很多功课，既能从李白的创作中探索其本人的心境，也能从与他人诗作的对比中寻摸出李白的特立独行。在字里行间可以读到青莲居士的豪迈与超脱，也可以读到谪仙人的活泼与浪漫，对诗仙的刻画可以说是入木三分。每次写作都是一次构建，也是一次探索，希望小作者在之后的学习和生活中也能够保持一颗不断求进探索的心。

细数寒星

☆王腾旻
☆苏州市立达中学（苏州）
☆初中组

一个人打翻了命运的灯盏，眼前一片漆黑，看不到一点前途时。仰望星空，细数寒星，向着心中的方向去吧。

曾经在与父母的争吵中痛苦不堪，因看课外书导致学习成绩下滑。在争吵中，我所挚爱的书籍被一本本撕碎，我抢过来一本已经撕碎的书夺门而出。

躺在空地上，借着一边的灯翻着书，是《孔子家语》，晚些迷迷糊糊睡着了。梦到孔子陈蔡两国的事呢。我似乎只能看着，什么也做不了。

孔子在陈蔡两国交界地，因被民兵误会，身陷绝境。很快，兵防越来越多，彻底断了粮。前两日，众弟子未有矛盾，只当作平常事。那夜，孔子东望寒星，暗叹不妙。

子贡问孔子："你现在的样子，难道还不困窘吗？"孔子严厉地说："你不知道吗，君子在道义上通达才叫做通达，在道义上贫困才叫做贫困。现在我们固守仁义的原则，因而遭受到乱世的祸患，这正是我们应该得到的处境，又怎么叫做困窘呢？所以要反省自

己，在道德上不感到内疚，在灾难面前不丧失自己的品德。严冬来临，松柏在霜降落以后还不凋落，我们因此知道松柏强有力的生命力。从前，齐桓公在流亡中萌生了称霸之念，晋文公也因为逃亡而起了复国之心，越王勾践因为受了会稽之耻而萌生了光复之意。而我们现在正好在陈国和蔡国之间陷入了困境，对我们来说大概是幸运吧！"子贡感到十分的羞愧，退下了。

又几天过去，山上的野菜也吃完了，晚上，弟子们席地而坐，孔子调素琴，奏古调，天上的星似乎随弦而动，颤着。古曲中满是凄凉。颜回合掌低眉，面壁静坐，深受感染，神情激动。孔子察觉，当即停唱。他怕颜回感情失控而激愤，触景伤怀而哀哭，所以训导说："颜回，想开些吧。人生在世，不受天害容易，不受人恩困难。任何终点都是起点。要与自然保持一致。刚才唱歌的人并非真正的我。"颜回抑制住自己的情绪，孔子手指愈弹愈快，曲调随即有了一线期许，曲终时，外圈的一个弟子倒下了……

第七夜时，更多的弟子饿昏了过去，为数不多的几个人围坐在孔子身边。"你们若是百无聊赖，数那寒星吧。"孔子说。子贡数着数着又有了脾气："老师，我们再怎么数，却又怎能找到出路！""在人类历史的长河中，虽然个体渺如恒河之芥，但你生命的全部信息也终将共振在这片星空之下。当你回头望去，便能看到文明从远古一路走来的浩荡与壮阔，找到出路。"这夜，没人睡着，空望着。孔子看向夜空，见紫微星动，终于露出笑容。

次日凌晨，围军撤走。孔子与弟子们终于走出了那山。弟子们讨来稻米，众人终于又吃上了饭。孔子东指未亮的夜空说："你们再数那星。"我也抬起了头，看向星，星是那样的清冷。

我被夏虫鸣叫醒了，应该已经是凌晨了。天上的星星是那样的寒冷，却又离我那么近。一颗，两颗……心慢慢展开了。我也走向家中。

一旦身处逆境，最重要的是要有信心，有恒心，有勇气，有毅力，有实干精神，即使眼看山穷水尽，仍要坚定信念，想到会峰回路转。细数寒星，柳暗花明。自古以来，所有能成就一番大事业的人无一不是脚踏实地、努力奋斗的人。临渊羡鱼，不如退而结网。唉声叹气不是办法，幻想憧憬不是办法，只有信心十足地去干，才能走出困境。

"来，我们细数寒星……"

葛竞点评

文章以现实父母争吵境况为出发点，联想至孔子陈蔡之围，后以小窥大将孔子智慧应用当下困境，进而回归内心平静。文章虽时空跨度较大，但是作者行文过程中古今转换流畅，首尾呼应，使得全文浑然一体毫无割裂感。美中不足的是，文章未交代"细数寒星"的处事态度，对文章开篇现实境况的正面影响，进而导致文末的升华部分略显突兀。

逆境扬天生豪情，倾荡磊落文惊魂

☆王鹤儒

☆通化市二十一中学（通化）

☆初中组

一生苦旅，多舛境况，拂袖一笑，云淡风轻。

是"对一张琴，一壶酒，一溪云"的隐者？是"把酒问青天，不知天上宫阙，今夕是何年"的饮者？是"十年生死两茫茫，不思量，自难忘"的痴者……

揲一身素衣，驾一叶扁舟，酾酒临月。仰天长问"明月几时有"，"寄情山水之间，不忘歌头"，吟咏唱和抒一杯清愁，人生豪迈执一杯清酒。"寄蜉蝣于天地，渺沧海之一粟，哀吾生之须臾，羡长江之无穷"。

仕途虽坎坷，但胸中豪情万丈火难熄，汹涌激荡，碰撞在赤壁，看"乱石穿空，惊涛拍岸，卷起千堆雪"。思接千载忆三国周郎英姿勃发，故国神游叹孔明诸葛羽扇纶巾，"谈笑间，樯橹灰飞烟灭。"多少英雄豪杰留名青史，自己却华发早生蹉跎了岁月。言语之间掩映着内心的彷徨，古战场勘破世俗的浪涛天，生性豁达顿开朗，纵然胸中多垒壑，难掩诗人志向追求雄阔。胸中激情澎湃，脚下铿锵步履，手中一挥毫，盖世华章一篇。诗人笑谈千古，今人传阅千年，赤壁依旧在，江水滔滔流，听浪花击岸。

"竹杖芒鞋轻胜马，谁怕？一蓑烟雨任平生……也无风雨也无情。"披蓑戴笠，竹杖芒鞋，听雨打叶，看烟笼雾朦，真切切一老农。悠然超脱，从容入俗，不以物喜不以己悲，褪去朝靴换草芒，人生漂泊如摇橹，一袭烟雨任平生，踏雪飞鸿。适居黄州城，把酒临风，微醺沉醉，依旧"左牵黄，右擎苍"，成败任西东，此恨无穷，为了豪情谁与同。

孤鸿缥缈，静夜安眠，回想过往，一腔赤诚遭遇冷霜雨打，仕途坎坷，一再贬谪。痛寄寓明月，彷徨抛给浪涛，冷眼旁观俗世的繁华与纷扰，提酒击缶，泛舟平湖，醉醺生命遨游。曾有人云，文人风骨是这个世界最令人难以捉摸的，极为柔软却坚韧。他的傲娇与执着，如雪松挺立，岿然不动，任斗转星移时光更迭，任沧海桑田岁月变迁，任朔风呼号霜打冰挂，他用满腔热血激活胸中烈火，他用阔达胸襟容纳诽谤饿夺。

诗言志，词达意。或怅惋，或雄阔，或旷达，或委婉，或空灵，无一不是直达人的心灵。"春色三分，二分尘土，一分流水点点是离人泪。"缠绵情思，寄寓春色之中，尘土二分，流水夺走一分，英雄也有敏感、痴绝与相思，在物我合一的神游中击中人的心扉，震撼心灵的诗句，阡陌相传千年。"十年生死两茫茫，不思量，自难忘……惟有泪千行。"凄美的相思，执着的深情，化为对

逝者的追忆，情愫难熄，倾诉绵长，叩动无数人的相思苦。文字沁润生活，赓续绵延，彰显生命的力量。

"公不以一身祸福，易其忧国之心，千载之下，生气凛然。"（陆游）。宦海数十载，进退浮沉，风雨飘摇，面对狂风巨浪他气定神闲，面对冬凛秋霜他淡泊明志，携荣辱欢悲，他掉转身形寄情山水，在缺月挂疏桐之夜，唱"大江东去"，感慨"人生到处之何似，恰似飞鸿踏雪泥"。粗豪顿现。竹林婆娑，静谧淡泊，唱"门前流水尚能西，休将白发唱黄鸡"。感慨"但屈指，西风几时来，又不道，暗中流年偷换"。韶秀毕映。

年华似水，斗转星移，转眼，千年逝；转眼，华发生，英雄迟暮。西湖畔游人如织，苏公堤前人影攒动，东坡肘子香飘万家，眉山秀水背书一介书生的铮铮硬骨与不朽文采，留下传奇词话，真可谓胸有万卷，笔无点尘！红尘过后繁华依旧，生命张力凝聚成文化精华，以飨源远流长的中华文化。

小小少年，旁征博引，对苏东坡辞章境界的理解，流露出对古典文学的欣赏和素养，能看出中国文化对心灵的滋养和浸润。本文是对一代文豪苏东坡的致敬，也是对放达人生态度的礼赞。文笔流畅，可能由于想充分表达，在有限的篇幅中，引用略多，显得有积累但缺性情，如果再精练些，再有些独到的个人感受，则会更为动人。

投降吧，逆境

☆顾书源
☆南京市外国语学校（南京）
☆初中组

天汉二年，李陵战败被俘，后投降匈奴。得知消息的武帝，气得浑身颤抖。满朝文武见状，一改几天之前称赞李陵的态度，纷纷开始数落李陵的罪行。

每个人都有可能陷入逆境，正如当下无奈投降的李陵。身为史官，司马迁更能体会这般无奈。武帝的目光也正落到他身上，他决定站出来。恭恭敬敬地，他俯首作揖，"臣以为……"武帝满脸的阴翳，转向更加浓重的阴翳，直至通红暴怒。朝堂上，他一人力挺李陵——李陵投降，定是为了找机会再度报效汉朝！

司马迁当即被打入大牢。

每个人都有可能陷入逆境，正如当下的司马迁。有的人越陷越深，无法自拔；有的人不畏艰难，勇往直前。而那些伟大的人，似乎总是能在逆境中，找到人生新的路途。

境况急转直下。传言李陵要帮匈奴攻打汉朝，武帝又一次大怒："李陵胆大包天，胆敢背叛汉朝！李陵一家，即刻抓了灭族；司马迁替他辩护，也给朕斩了！"

彼时，死刑有两种豁免方式：一是交五十万钱，二是受宫刑。

　　司马迁身为小官，自然交不起那么多钱。"既然我没那么多钱，又经受不起那种侮辱，那么干脆自杀吧。"想到这，他深吸一口气，准备触壁自杀。闭上眼睛，脑海中又浮现了父亲临殁前颤抖着握着自己的手。父亲毕生的愿望不过于此。自己一生的努力，也都在此！《史记》还没完成，就这么一死，我心不甘！

　　他脱口而出那句慷慨激昂的名句："人固有一死！或重于泰山，或轻于鸿毛！"

　　他做了自己的选择，接下来的日子里，"肠一日而九回，居则忽忽若有所亡，出则不知所往。每念斯耻，汗未尝不发背沾衣也。"不知道他在写这两句话时，额角有没有沁出豆大的汗珠，眼睛有没有被屈辱的泪水充满呢？

　　所幸身为史官，他知道历史的长河里，他有太多的志同道合者——当年西伯侯姬昌被商纣王囚禁在羑里，每天只有一顿饭，不能出去活动，真似度日如年。他没有一句怨言。不仅如此，还在那个几平方米的牢房里写成了《周易》。楚国的屈原在官场备受排挤，前景一片黑暗，他的悲愤贯串在了瑰丽的《离骚》《天问》。还有仲尼、左丘……若有信念，又何惧身处逆境？

　　凭着超凡的毅力，十三年的时间，司马迁写就了五十二万余字、被列为二十四史之首的"史家之绝唱"——《史记》。可以肯定的是，在这十三年里，他受过嘲笑、侮辱，也受过冷眼、恶语，

但他没有放弃。像先前的圣贤们一样，逆境，在他手里化作了遒劲的笔。

我想，逆境不过是一场考验。有抱负的人懂得如何利用它成就自我；有目标的人懂得如何转化它实现目标；有理想的人懂得如何借助它坚定信念。逆境并不可怕。我相信，只要坚定信念、锲而不舍，逆境就会向你投降。

马小淘点评

文章从天汉二年李陵战败讲起，惟妙惟肖地勾勒出汉武帝、司马迁的鲜活形象。有心理，有场面，寥寥数笔生动传神。文章旁征博引，显现出丰厚的历史知识积累，能看出小作者的阅读量和储备。历史材料运用得当，张弛有度，呈现出一种自然的表现力，显示出不错的结构能力。结尾亦是铿锵有力，有一种活泼的生命力。

凡·高·向日葵·生命

☆杨馥滋
☆高新一中初中校区（西安）
☆初中组

天边的金光穿梭在云雾中，朝霞染红了莱茵河。霞光攀上远山光亮平静的山脊，流光溢彩的田野上探出如阳光般灿烂的笑颜——那是一片向日葵，明媚的、属于凡·高的向日葵。

文森特·凡·高此时正站在阿尔勒广阔的平原上。普罗旺斯的天气阴晴不定，就如同这个男人的思想跌宕起伏。远方蜿蜒的山脉勾勒出普罗旺斯独有的妩媚。大片的金黄色向日葵迎风绽放，浓重的色彩重重地涂抹在翠绿的山谷间。

凡·高先生心中为这种身处山谷却向阳而生的花朵倾倒。此时的他在创作思想上的超越和空前的理念，换来的是冷嘲热讽、事业低谷和精神重症。他与昔日的挚友高更关系破裂，在忍受巨大压力和痛苦下割掉了耳垂。他的泪水已经干涸，生活的无奈将泪痕冲刷平坦。他一度被痛苦和贫穷刺激到麻木。

在普罗旺斯的这个偏远小镇，凡·高先生遇到了他一生的知音——向日葵。是向日葵让凡·高在逆境中站起，化腐朽为神奇。他爱它坦荡的生命，爱它执着的向阳精神，爱它的纯粹之美，

爱它饱满鲜艳的色彩。他在一幅洁白的画卷前揣摩着向日葵的热烈奔放，情难自禁时，用最浓重的色彩勾勒出一笔笔跳动的火焰。他曾说过："生命是属于向日葵的，向日葵是属于生命的。"

凡·高在创作《向日葵》时，笔下的向日葵颜色鲜艳夺目，明亮的黄色饱和度极高，活泼明艳的色块跃然纸上，构成"黄色的交响曲"。凡·高用崇高的创作精神和永不言败的信念演奏了这首交响曲！他给弟弟的信中多次提到"向日葵是属于我的花"。凡·高一生共创作了十一幅关于向日葵的画作，这十一幅画寄托着凡·高永不泯灭的信念和希望。向日葵让沉浸在痛苦中的凡·高重获新生，凡·高赋予了向日葵太多的生命玄机，于是乎他在向日葵身上找到了一种坚定不移的信念，一种崇尚阳光的生命奥义。

人生多变，命运多舛。太多的磨难让凡·高解读出了向日葵蕴藏的无限希望，敬仰它崇高的太阳精神，仰慕它那充沛的向阳生命力……在穷困潦倒之时，凡·高饱尝世态炎凉、人情冷暖，但他反而鞭策自己在逆境中寻找光明，他所画的《向日葵》就体现了他对生命的理解。凡·高的向日葵有着和他一样璀璨的愿望，这种向阳的精神力量吸引一代又一代的世人不畏艰难，在逆境中，不放弃、不言败，怀揣向阳精神，脚踏筑梦之路，让生命的色彩饱满艳丽。

小作者独辟蹊径将凡·高和向日葵的关系阐释成一生的知音，并准确地抓住了向日葵饱满、坦荡、热烈的特点加以升华。全文行云流水，用词精当、克制，有文采又不炫耀，呈现出一种恰到好处的精准，能看出小作者的自信和稳健。也许是为了更凸显主题，将艺术家的人生阐释得稍显简单了，但在这个年纪已属不易，是一篇有特色有追求的佳作。

我曾测量天空

☆王承翰

☆广州市天河区华阳小学（广州）

☆小中组

"远远的街灯明了，好像是闪着无数的明星。天上的明星现了，好像是点着无数的街灯。"开普勒，眺望着天上璀璨的明星，却怎么也抹不去心中的那一片幽暗。

起雾了，星光一点一点地消逝在寂夜的朦胧中。他凝视着书桌，全是那一页又一页的圆圈，一本又一本的数据记录。自他决心研究火星的运行轨道以来，就用圆周轨道使劲儿去套火星这匹烈马，可却怎么也套不住。一遍又一遍地，他假设，推算；一遍又一遍地，推倒，重来……可却依然两手空空。那些数字，真是一群魔鬼啊，天天把他折磨得死去活来，却还是不肯放过他。唉，难道真的是江郎才尽了吗？

他又望了望窗外，寂寥的花园里，一条孤零零的裙子在园里静默着——这是妻子的最后一条裙子了！家里的一切都奉献给了他的火星轨道。换来的，是那堆数据记录本，那满客厅里，皱巴巴的纸片。他不禁一片心酸，一片内疚。难道，这真是一次旷古绝今的失败吗？孩子们要吃饭，生活需要继续啊。罢了，罢了，还不如拿它当了引火纸罢！他闷声闷气地走向火炉。

呆呆地坐在火炉前，他两眼无神地看着那炉子。火苗晃动着，慢慢地，凝成了一张脸——第谷。"加油吧，你不会失败的！我用肉眼观察，也是穷尽一生，才得到750颗星星的数据呀！"恩师那张脸，慈爱地望着他。他心里的幽暗，慢慢地，氤氲开去。最大的失败是放弃，最大的敌人是自己，只有真正执着于真理的人，才能所向披靡！一股坚持的激情，又涌上心头。他坚定地回到案头前，又伏案计算起来……

一天，两天，三天……又几个月，枯燥无味的日子，就这样一天天地，从书桌前溜走了。唉，他还是没有找到新的突破口。

求助吧！于是他写信给他的第一位恩师——马斯特林，邀请他来探讨这个问题。马斯特林非常疑惑：轨道不是从托勒密到第谷，都已经认定了吗？他答道：不对！我计算出来的火星圆周轨道，无论用什么方法求解，都跟第谷观察的数据有8分之差。摸着白发，马斯特林失声惊叫了起来：哎呀，8分！就相当于钟盘上的秒针在0.02秒走过的角度。摆在你面前的，可是浩瀚无垠的宇宙啊，难道这小小的8分，还要顾虑吗？你能确保第谷没错吗？

即使神色疲倦、摇摇晃晃，眼睛都快睁不开了，他却依然坚定地回绝道："不！我无数次地验证过了，第谷没有错，可我的数据就是差8分。这是一个缺口，我一定要怀着求真的态度去努力！"

恩师不说话，摇了摇头，走了："唉，怎么他越来越固执狂妄了呢？"书桌角落里的纸篓，晃了晃脑袋，似乎也在嘲笑着他。

可，这怎么就是固执呢？

在追求真理和真相的道路上，永远没有捷径可言。忽略明显的误差，又如何能见到真相的曙光呢？放弃不难，但坚持才能遇见最美的星空！第谷那张慈爱又坚毅的脸，又浮现在他眼前。

一颗永不放弃的种子，正在他的心中慢慢成长，发芽。一场坚定持久的攻坚战，就这样开始了。

一定得是圆周吗？既然第谷的观察数据没有错，那么，会不会是第谷的第三种学说的假设是错的？既然我是近视眼，我对星星的研究，靠的是自己强大的数学知识去计算。那么，我是否也可以将自己强大的几何知识，运用到天体运行中来？……一遍又一遍地，他思忖着，茶饭不思，寝食不安，仿佛着了魔。朝思暮想之间，如同一道惊雷在夜空中炸响，把黑夜撕开了一道口子——圆周，圆周，不正是圆锥曲线的一种吗？！圆锥曲线有很多种呀！所以，不能是抛物线吗？不能是椭圆吗？于是，他开始用各种圆锥曲线去套火星这匹烈马。

北斗星亮了，天狼星亮了，窗外的星星都亮了。希望，又重新燃烧。一个月、两个月、一年、两年……就这样，他算到天昏地暗，日月无光。那纸篓就像是中了邪，清空，几小时过后，又满满当当。再清空，再装满……周而复始。多少个日日夜夜，多少次希望的破灭与重生……

四年后的一个夜晚，星星格外闪亮，让人眼睛发痛。屋子里，传来一声巨响："我终于成功了！"他热泪盈眶。那颗永不放弃的种子，终于开花、结果，长出了成功的果实——火星的轨道原来不是圆，是椭圆！他的计算终于和第谷的观察结果，天衣无缝地吻合在一起。开普勒第一定律——椭圆定律，就这样诞生了。

火星这匹烈马，被椭圆套住后，他马不停蹄，继续钻研，又发现了开普勒第二定律：行星绕太阳做圆周运动在一定时间内扫过的面积相等——"等面积定律"。

他欢喜若狂，立刻写信给马斯特林。对方却置之不理；他告诉其他的天文学家，他们却嘲笑他；他想获得伽利略的支持，却只换来了沉默。

是金子，总会有发光的一天；是真理，就不会被埋没。他不再去寻求认同，忍受着无人理解的孤独，他把这些伟大的发现，记录在了《新天文学》里。

这些发现，既不为他带来荣誉，也不曾带来财富。他依旧家徒四壁。可这，又有什么要紧呢？他继续努力，执着地前行……

十四年后，他又发现了开普勒第三定律，并记录在《宇宙和谐论》里。他用一支孤独的笔，蘸了执着、坚定、求真的决心，铸就了一个又一个新发现。为貌似乱哄哄的星空，找到了它们各自的规律。他因此被后人誉为"天空的立法者"。

多年以后，一贫如洗的他，在孤独、饥饿和疾病中，永远地，离开了人间。他给自己的墓碑留下了这样的碑文：我曾测量天空，现在测量幽冥。灵魂飞向天际，肉体安息土中。

张
之
路
点
评

　　王承翰写的题材应该是一个科学小品，或者人物小传。他书写了科学家开普勒观察研究宇宙的一个片段。这篇作品有细节，有人物。科学家在那样穷困潦倒的境地下依然顽强拼搏，让我们很是感动。另外，在这样一个很短的篇幅里将火星的轨道从大家公认的圆形论证为椭圆形。作者的逻辑思维和书写能力也是值得称道的。这篇作品有人物、有科学、有文学……

人生何惧风雨

☆张诗仪

☆合肥第48中学滨湖校区（合肥）

☆初中组

> 藕花处，海棠旧，泪痕红浥鲛绡透；大江去，浪淘尽，
> 举杯明月孤影寒。倚门回首嗅青梅，一蓑烟雨任平生。
>
> ——题记

昔日独上高楼，没能望见天涯路；而今览古凝眸，犹叹书生意气丹青志。轻合眼前的宋词，我遇见了身披蓑衣不惧风雨的苏东坡；见证了李易安从"和羞走，倚门回首，却把青梅嗅"的稚气，蜕变为了"生当作人杰，死亦为鬼雄"的凌云壮志。

回到宋时的汴京，品酌才子才女们搏击风雨，笑傲人生的遗世风华。

苏轼·定风波

他很疲倦，他很狼狈，出汴京，渡淮河，进湖北，抵黄州。他曾经少年得志，中进士，获称赞，得到当朝皇帝的赏识。进入仕途

后，又卷入新旧党争的激烈漩涡中，从监狱走来，辗转多处，却因此构建了他不平凡的一生。

元丰五年三月，正是"雪沫乳花浮午盏，蓼茸蒿笋试春盘。"品味人生有味是清欢的季节，苏轼却因为乌台诗案遭遇贬官，如今是第三个年头，这日他与朋友出游，突然听见了雨穿林打叶的声音，同行的人都很狼狈，唯独他毫不在乎，泰然处之，吟咏自若，缓步而行，"何妨吟啸且徐行。竹杖芒鞋轻胜马，谁怕？一蓑烟雨任平生。"他面对人生的风风雨雨，没有一丝的抱怨，而是选择顶风冲雨，从容前行。料峭的春风把他的酒意都吹醒了，阳光透过乌云照到他的身上，"归去，也无风雨也无晴。"他不在乎所谓政治风云，荣辱得失，那是因为心中有诗，自在远方。

既然如此，不如定风波，抛俗尘，把酒问青天，看得人生清明，做一个清旷豪放，不惧风雨的苏东坡。

李清照·声声慢

少女时期的她写出了《如梦令》二则，道尽了海棠依旧，误入了藕花深处。明丽爽朗的少女情怀全在她清清淡淡几笔之间。仅仅是年少时期的她，也是指点江山，激扬文字巾帼不让须眉"夏商有鉴当深戒，简策汗青今具在。"青春年华，是她一生中最快乐的时光，两个人月下酌酒，花前对诗，读书泼茶，红袖添香。

迎接她的，却是命运的翻云覆雨。先是与丈夫分居两地，株连入狱，后来便与丈夫隐居过起了陶渊明笔下"采菊东篱下，悠然见南山"的生活。动荡不安的年代里没有人能幸免于难，不久后赵明诚与世长辞。

那一日她独倚窗阑，"满地黄花堆积，憔悴损，如今有谁堪摘？"雁过也，正伤心，任凭花自飘零水自流。她不禁笑道："知否？知否？应是绿肥红瘦。"而如今物是人非，只得咏出"梧桐更兼细雨，到黄昏、点点滴滴，这次第，怎一个愁字了得？"

她已经褪去了所谓少女情怀，不再隐忍哭泣，而是心怀大志，搏击风雨，从苦难中挣脱，将眼光关注到家国大事上。

那个"蹴罢秋千，起来慵整纤纤手"的少女，不再吟风弄月，伉俪情深，在抗争的过程中，她选择不惧风雨，做一个坚韧不屈的李易安。

品无数才情卓越的文人墨客绝代风华，偏我，只记得那些年时光深处的坚强身影，偏我，只记得那年不惧风雨的顽强身姿，哪怕过几千年，他们留下的一页页精致典雅的诗篇，一个个动人的传奇，也依然颜色依旧。

人生何惧风雨，那是因为心中有诗，自在远方，那是因为不向命运低头，成长的蜕变。几千年来，他们的精神和力量都留在泛黄的书页上，人生亦是如此，面对生活中的风风雨雨，唯有坚定信

念，勇于搏击，才能笑傲人生。

轻抚眼前的书页，站在过去与未来的交界处，看扁舟载酒少年游，人生何惧风雨，凭栏远眺，青砖黛瓦，袅袅炊烟，谁记江湖高远庙堂忧，眼前，又是那千年以前的诗笺墨书，浅吟低唱……

马小淘点评

小作者列举了苏轼和李清照的人生故事，总结出他们心中有诗，高洁不屈的精神意志。从文豪的人生中发现他们的困境，可谓慧眼独具，选材比较准确。但是苏、李的例子过于耳熟能详，大篇幅的总结归纳缺乏新鲜感，容易消磨读者的耐心。结尾强行抒情拔高，也显得有些简单了，但对于这个年龄的小作者，这个篇幅要求，也是情有可原。

苏东坡：逆旅中的璀璨天光

☆乌芸舟

☆北京市陈经纶中学（北京）

☆初中组

> 人生如逆旅，我亦是行人。
>
> ——《苏东坡传》

纵观古今，史书之中能够留下浓墨重彩之人少之又少。我们眼中的万劫不复，在几千年的历史风云之中只不过是蚍蜉撼树。古人常言："置之死地而后生。"也就是说尽管身处一方囹圄，世界却并不苍白，破釜沉舟过后，依旧可以窥见璀璨天光。

苏东坡，是江湖中千杯不醉的侠客，是心系天下、文可入翰林的良官，是归隐山林中与白鹤为伍的隐士，也是大自然中无羁无忧的顽童。

他可以挥笔写下千古名句，也可以面对生死悲欢一笑淡之，更可以品味杯中佳酿、尘世三千而潇洒回眸，只求一句问心无愧。

苏东坡早年间入仕为官，本来可以平步青云大有一番作为，却因为满肚子的"不合时宜"，屡遭陷害，多次被贬官流放，大半生都过着颠沛流离的生活。

乌台诗案是苏东坡一生最重要的转折点，在这之前，他是才华横溢的少年，是朝廷上下的宠儿，是整个国家赫赫有名的大才子。但是在乌台诗案中，他成为阶下囚，官位不保，性命也差点丢了。很多人极力劝说皇帝杀死苏东坡。

最终，苏东坡蹲了一百零三天监狱，终于被释放出来。出狱后他被贬到黄州，这里极为穷苦。他挂着一个很低微的职位，没有实权，且食不果腹。

这对于每一个心怀傲骨的文人都无疑是一场致命的打击，而苏东坡对此却不以为意。他带领家人在田地里种地补贴家用，并且幽默地称自己为"东坡居士"。

在黄州，他时常"竹杖芒鞋轻胜马"，攀山领略大好风光；他也喜欢"小舟从此逝，江海寄余生"，将自己的精神境界寄托于江海，将胸中的气魄寄托于丘壑；他热爱自然，崇尚自然，在他眼中简陋屋舍外的江景独具一番风味，"风涛烟雨，晓夕百变。"

在黄州，苏东坡前后两次游赤壁，分别写下两篇不朽的文章《前赤壁赋》与《后赤壁赋》。第一次是秋天，农历七月十六日，苏轼与朋友在赤壁下泛舟游玩。他写道，清风阵阵拂来，水面波澜不起。不多时，明月从东山升起，在斗宿星与牛宿星之间徘徊。白茫茫的雾气横贯江面，清冽的水光连着天际。苏东坡和朋友任凭小船儿在漫无边际的江上漂荡，越过苍茫万顷的江面。

在这样的情境下，朋友突然感受到一阵悲哀，因为明月一直挂在天上，长江不断滚滚东流，自然万物无穷无尽，而人只有短暂的寿命，在自然当中像米粒一样渺小不堪。

苏东坡听到朋友的话，非常达观地说："且夫天地之间，物各有主，苟非吾之所有，虽一毫而莫取。惟江上之清风，与山间之明月，耳得之而为声，目遇之而成色，取之无禁，用之不竭，是造物者之无尽藏也，而吾与子之所共适。"

这段话的意思是说：天地之间，万物都有自己的归属，人虽然寿命短暂，但是大自然也给予我们无穷的宝藏，像江上的清风，山间的明月，送到耳边的声音，映入眼帘的景色，这些都是可以尽情享用的。

我们纵观苏东坡的一生，和《前赤壁赋》表达的思想是完全一样的，他从来都是乐观旷达，看到事物最美好的一面，即便是在最穷困潦倒的时候，也保持着一颗纯粹的赤子之心，像一阵清风自由自在，给后人留下最潇洒的身姿。

知名作家蒋勋先生说，在黄州这段时间是苏东坡最难过、最辛苦、最悲惨的时候，同时也是他生命中最领悟、最超越、最升华的时候。于是，我们读到了"人有悲欢离合，月有阴晴圆缺"，读到了"故国神游，多情应笑我，早生华发"，读到了"小舟从此逝，江海寄余生"。

在人生最低谷的时候，苏东坡创作出了中国文学史上最伟大的作品。也许，那样的苦难是上天对他的馈赠，让他顿悟了人生的真

谛，让他终能以豁达、宽容、达观的心态面对以后的岁月。

除了文学上的成就，苏东坡在黄州开始发挥自己在烹调上的天赋。

黄州穷困，当地没有什么名贵的物产，现在看来的山珍河鲜，在当时都是当地土人们视若无睹，弃之不顾的东西。而苏东坡精心研究一番烹调方法，把当地人都不吃的东西变成了美味佳肴。比如猪肉，这是当时富贵人家不屑于吃，穷人家不会吃的食物，苏东坡用很少的水煮肉，再用小火炖上几小时，放上酱油吃，竟然很美味，这就是现在的一道名菜"东坡肉"。

黄州临水，水产丰富，鲤鱼鲫鱼是当地人根本不在意的东西，苏东坡用盐腌好鱼，在鱼肚子里加入葱去腥味，用萝卜汁和酒一起煮，味道非常鲜美。

苏东坡就是有这样神奇的能力，把困苦的生活过得诗意舒适，永远能发现生活当中最美妙的事物，在苦中作乐。正如林语堂先生在《苏东坡传》中所言："他的一生，载歌载舞，深得其乐，忧患来临，一笑置之。"

细读苏东坡，你可以感受到他的达观主义精神，他的豪放胸襟。他所拥有的气魄，可能是我辈一生也无法参悟透的。他的诗词中总蕴含着排山倒海之力，沧海桑田再读依然为之惊叹。儒释道蕴含在每个中国人的血脉中，我们或多或少，云里雾里懂得，却始终不太真切。而苏东坡，他识得庐山真面目，跃入了更加通透开阔的人生境界。

我们行走在六合之中，所有的不过都是尘寰禄子身，出走半生之后，少年时的一腔热血也许都被世事无常磨了个干净。而如果你愿意出门看看四海九州的河清海晏，也许就会发现这世界上并无山穷水尽的绝人之路，冷铁卷刃之前依稀可以窥见天光。

"绝处逢生"无疑是一段自我的修行，也是一封上交了的遥遥无期的答卷。而这最后的答案，也许你会在旅途之中找到，也许会在一花一木之中找到，但总之是你要自己寻找。

"绝处逢生"是一个亘古不变的主题，如果你细心琢磨，会发现那是一瞬间的顿悟——在颠沛流离之中锲而不舍，静待花开。

马小淘点评

小作者深入展开了苏东坡的人生逆旅，夹叙夹议，从中体味苏东坡的达观和气魄。在一众以苏轼为例证的文章中，这一篇写得更深入更深刻，令人眼前一亮。没有生硬的拔高猛烈的抒情，小作者娓娓道来，对苏轼的旷达乐观做出了大气的诠释。可以看出小作者平素扎实的积累和功底。如果硬要挑一点缺点的话，个别词汇和铺排意向重叠，可以稍稍精练一些。

单元五

追问、思索与领悟

战胜困难，春暖花开

☆叶倩倩
☆南京外国语学校河西初级中学（南京）
☆初中组

礁石可能会阻碍船只的前进，但大海也会因为没有礁石而变得单调；石头很容易把人绊倒，但无数石头堆成了巍峨的高山；困难可能会使人节节败退，但人生会因为没有困难而变得不完美。

人生本来就不会一帆风顺，磕磕碰碰是不可避免的。谁不希望快乐？谁不憧憬未来？但是，不经过困难，又怎能实现美好的愿望呢？由此看来：困难是人生升华必要的考验。

他，在荒岛上生活了二十八年，每天都过着与世隔绝的原始人般的生活；他，把一座荒芜的孤岛改造成了世外桃源、人间仙境；他，用一箱木匠工具、一把种子和自己顽强的毅力奇迹般地将生命维持了二十八年两个月零十九天。他，就是鲁滨逊·克罗索。

英国青年鲁滨逊不安于中产阶级安定平庸的生活，屡屡出海经商，商船遭遇风暴被抛弃在荒岛数十年。他靠着一颗永不言败的心，加上灵巧的双手和几件简陋的工具造房子、修田地、种粮食、养牲畜，还从野蛮人刀下救下了一个土人，取名"星期五"，收为自己的奴隶。他用了二十八年的时间，把荒岛建造成了一个世外桃

源，最后又奇迹般地回到欧洲，成为巨富……

鲁滨逊是坚毅的人。他曾经这样说道："我的脾气是要决心做一件事情，不成功决不放手的。""我要尽全力而为，只要我还能划水，我就不肯被淹死，只要我还能站立，我就不肯倒下……"他没有助手，工具不全，缺乏经验，做任何事情都要耗费很多体力，费好长的时间。连做一块木板都要四十二天。他从来不灰心失望，总是吸取失败的经验又重新开始。辛勤的劳动换来了令人欣慰的回报，他渐渐开始有船用，有面包吃，有陶器用，有种植园，有牧场，有两处较"豪华"的住所……这些没有一件不是费了很多力气、克服了许多困难才得来的。鲁滨逊在荒岛上竟然生活了二十八年两个月零十九天，这是人的意志和智慧对神秘自然界和更不可知的命运的胜利。荒岛非但没有使鲁滨逊倒下，反而让他变得更坚强，鲁滨逊超人的智慧、丰富的人生阅历、惊人的体魄，使他巧妙地、充分地运用岛上的一切资源。更为重要的，是跟他体魄同样强健的心态，永不停息的迎难而上，从每时每日的死亡威胁中虎口逃生。鲁滨逊的遭遇使我们想到海明威的一句名言："人能够被毁灭，但是不能够被打败！"

当我们脱离鲁滨逊那充满传奇色彩的历险故事，想想自己，且不说在荒岛上生活几十年，就是离开父母我们自己能够独自生活几天？且不说能在危险中毫不畏惧，就是在学习生活中遇到困难我们是否能迎难而上？我们也许不能成为一个冒险英雄，但我们应该学学他的冒险精神，无论是在学习上，还是生活上，都应该有一种不畏困难的精神。让我们扬起一面不畏困难的生活风帆，把它发扬到生活和学习上，做生活的强者！

路没有不弯的，花没有不谢的，人生没有总是称心如意的。一切的成就都是在困难之中过来的。贝多芬一直热衷于音乐工作，就连晚年的耳聋也没有吓倒他，才能让他的琴声打动全世界人的心；司马迁在狱中与一切困苦作斗争，终于写成了流传于后世的《史记》；张海迪并没有因为小儿麻痹症而被吓倒，反而还努力自学了多门外语获得了硕士学位。

四季轮回，有了春天的绿意盎然，就要有秋天的枯枝败叶；有了夏天的艳阳高照，就要有冬天的冰天雪地。尝试过成功的滋味，就要承受失败的苦楚；过完了风平浪静的日子，就要开始过困难连连的日子，这一切都是循环的，要想你的生命继续在这种运动中不终止，就要接受困难，跨越困难，才会让你的生命此起彼伏，有所价值。

生命，在困难之中茁壮成长。

思想，在困难之中渐渐成熟。

意志，在困难之中变得坚强。

因为有困难，所以人生才如此美丽。

因为有困难，所以人生才如此充实。

其实困难并不可怕，可怕的是向困难低头。面对困难，想的第一件事不应该是害怕，而应该把它当作对自己的磨砺，不畏困难，困难就会被你远远地抛在后头，直到消失。

葛
竞
点
评

　　困难可能是前进路上的绊脚石，也能成为走向成功的铺路石。这篇文章立意深刻，主旨清晰明确，从中能看出小作者对生活的独到见解，善于思考，乐观向上。文章中所表露出的面对困难不会退缩，而是选择勇往直前地跨越困难，这一观点值得肯定。用鲁滨逊的故事来当例子新颖恰当，与主题贴合紧密。整篇文章结构完整，最后的总结令人深思，不失为一篇值得品读的佳作。

心之所向

☆云朵

☆中关村三小（北京）

☆小高组

凡心所向，素履所往；生如逆旅，一苇以航。人生路远，山河坦荡，好景在前方……

羊鞭与锦帽，草垛与貂裘，在赤胆忠心与高官厚禄中你奋然选择了前者，站在忧劳之间选择铭记衷心，忘却富贵。一挥羊鞭，镌刻出对大汉最深切的眷恋，展现了热血对大汉永不褪色的赤诚。月色莹澈布满九州，却不知有人独自哀愁。

你梦想着终有一日两位君王一起谈笑风生，终有一日两国王朝来往密切，终有一日两朝人民友好相处。你向往和平，渴望安定的生活，为此你怀抱着夙愿，祈求汉匈齐心，跨过千山万水，奔走于大漠茫茫，带着满腔的希望，辞别长安的宁静太平，游走于寒沙涸水，你要亲手架起一座飞虹，让和睦永驻于两岸，一路披荆斩棘，不惜付出任何代价。心之所向，勇往直前。

可谁又料匈奴谋反，用无数珍稀富贵只为换得你对大汉的一个不字，你却宁愿扬起羊鞭做高山雪莲，也不愿抛弃信念丢弃那一份炽热。

就算北方的朔气席卷冰冷的地窖，你满腔的希望与热血也不曾失去半分温度；就算眼前是衣食无忧，你也铭记着自己的初衷与肩负的使命。渴了，眼前即使是玉露琼浆亦宁喝霜雪；饿了，手旁即使是珍馐盛宴亦宁嚼肩上皮袄。被囚禁的分秒间，无时无刻不思念大汉，不辱使命，在逆境中饱含希望，即使出逃未能成功也在夹缝中求生存，坚定信念，不为现实所屈服。生是大汉人，逝是大汉臣！

五千年华夏历史，是逆境中无数仁人志士的坚定铸造的坚不可摧，你并非像霍去病那样所向披靡，也不如张衡般巧算天机；但你，是大汉永不弯曲的脊梁，是守望汉疆的白鸽，是永立于此的丰碑！北海旁有你手握羊鞭的背影，地窖里有你饥寒交迫的身影，你的坚贞像一把燃烧的烈火，在苦难的淬炼中你修得了一身正气，明晰了一份爱国心。整日饥不足食未使你畏缩，反倒使你在穷厄中学会坚强，纵使万古洪荒，你眼中也是星河荡漾，仿佛酝酿着万物苍生。十九年囚禁不恼，荣华富贵前不躁，返回汉朝不傲，贫贱不能移，威武不能屈！愿你在冷铁卷刃前，得以窥见天光。

静水流深，沧笙踏歌；三生阴晴圆缺，一朝悲欢离合。

这就是苏武，亦是永远的苏武。在历史长河中乘风破浪，向前，向前！

　　文章短小精悍，言简意赅，风格鲜明。第二人称的叙述视角，产生对话的灵动感，拉近了读者与苏武之间的距离，让我们感受到一个充满着雄心壮志的苏武。小作者用这种特别的方式，带我们重温了苏武的一生，全文语言精练优美，诗句运用得当，气势非凡。文章行文流畅、思路清晰，如果能进一步融入自己的真情实感，会加强文章的独特性和思考深度。

做人生的铠甲勇士

☆史芮宁
☆济南市经五路小学（济南）
☆小中组

人生犹如登山，漫漫路途不可能一帆风顺。遇到困难，遭受挫折，能让我们在成长中体会成功的不易，才会更加珍惜成功的结果。毛主席说过："世上无难事，只要肯登攀。"只要心中怀有美好的愿景和坚定的信念，就能有足够的力量克服荆棘和坎坷，做一名强大的人生登山者。

我是一个出生在富强中国的孩子，成长一帆风顺，直到开始学习钢琴。学琴的过程就像打翻了调料瓶，酸甜苦辣咸样样俱全。学琴伊始我还觉得是件很有趣的事情，随着乐曲难度的增大和每天练琴时间的延长，我开始讨厌学琴，出现各种抵触情绪。严重的时候，琴凳上像爬满了虫子，只要坐在上面就浑身发痒难受，琴键也好像变成了钢铁块，手指按上去就会变得沉重僵硬。每次我都会以大声喊叫来发泄心中的愤懑，负面情绪把陪练的妈妈搞得几近崩溃。到最后，妈妈也忍无可忍，说要把小黑（钢琴）送走。当时我就蒙了，那是我第一次意识到口中讨厌的钢琴其实已经成为我生命中最亲密的伙伴。

一瞬间，和小黑的点点滴滴都涌上心头。通情达理时，小黑总会依着我弹各种喜欢的流行歌曲；调皮耍坏时，也会让我遭到妈妈疾风骤雨的批评。小黑用琴键见证了我成长的欢乐与泪水。我一声不吭，伏在小黑身上哭了好久。哭过之后，我坚定地选择了坚持，选择了努力，我决定要重整旗鼓和小黑并肩作战。

这次练琴的经历给了我很大的触动。我想，亮丽的人生是光芒万丈的太阳，太阳会被乌云遮挡，但乌云也总会散开。如果遮挡时止步不前或知难而退，就永远等不到云开日出的时候，也永远看不到云端的精彩。因此，遇到困难时要让自己有足够的自律、毅力和智慧，就能征服一切拦路虎，做自己人生的铠甲勇士。

自律是强者的本能。只有克服懒惰、抵住诱惑，让自己心无旁骛地前行，才能风雨之后见彩虹。当练琴枯燥到绝望时，想想头悬梁的孔敬和锥刺股的苏秦，横下心咬紧牙完成当天的计划和目标，不就是在一步步战胜自己吗？

毅力是成功的保证。贝多芬两耳失聪却完成了一件件举世闻名的音乐作品；海伦·凯勒又盲又聋，却在无光无声的世界里完成了十四本巨著；霍金全身瘫痪不能言语，却在宇宙和黑洞领域做出了跨世纪的成就。正是无限热爱和坚持到底的信念与毅力，让他们为人类做出了了不起的贡献。与之相比，练琴的困难微不足道，做到持之以恒和锲而不舍，不就是在一步步接近成功吗？

智慧是前进的捷径。失败者找理由，成功者找方法，遇到困难

就多想多问，冷静地寻找问题的关键。针对练琴的瓶颈，通过仔细观察去学习别人的有效方法，通过了解乐曲背景去体会音乐性的表达，通过四手联弹等方式增强练习的趣味性……有了事半功倍的方法，还有什么做不好的呢？

自那以后，我没有再抵触再放弃，每天跟八十八个琴键共舞，最终平稳地度过了厌琴期，在学琴的道路上继续收获荣誉。"祸福相倚，安危相易"，困难从来不是绝对的不好，它是磨炼意志、锻炼能力、通向更大成功彼岸的通道。因此，当困难来敲门的时候，不要退缩，要慷慨地为它开门，以"千磨万击还坚劲，任尔东西南北风"的坚定、"长风破浪会有时，直挂云帆济沧海"的豁达、"苦心志、劳筋骨、饿体肤"的气魄欢迎它，终有一天，铠甲勇士会拥抱步入云端的人生。

葛竞点评

小作者从自己身上入手，写出了自己与"钢琴小黑"的酸甜苦辣咸。钢琴似乎有了自己的情感和思想。小作者是一个对自己的生活，有思考、有见解、有态度，心思细腻的孩子。整篇文章语言平实，没有华丽的辞藻堆砌，情绪却转变得合乎情理，切近读者的情感，表露出任何事情都不是一帆风顺的。主题明显深刻，令人真切感受到遇到困难，不要退缩，要一直勇往直前的精神。

没有不拂晓的夜

☆李元枫
☆西安市第三中学分校（西安）
☆初中组

那注定是个不凡的夜晚，我的语言已经无法描述它的悲壮和带给我的震撼。

冰上的少年燃烧了所有的热情，夜的黑暗中映着拂晓的光。

他叫羽生结弦。

他说："没有不拂晓的夜。"

这是2012年花样滑冰世锦赛，羽生结弦十七岁，作为最具希望的选手，他初登成年组国际赛场。

在前一天的短节目比赛中，他因为带伤上场，计划的三周跳只跳出了一周。最终位列第七。而这场，是他最后的逆转机会。

那一天的节目《罗密欧与朱丽叶》，如樱花绽放一般决绝。

伴随着悲壮而热情的音乐，他在节目中接连完美地完成了几个难度跳跃。现场一片惊叹。他在冰面上游走，优美有力的步伐在冰面上滑出一道道弧线。突然，他摔倒了，毫无征兆。

他趴在冰上，双手双膝撑着冰面，大幅度地喘着气。

体力真的不够了啊，这一趔打断了随音乐流动的思绪，突然感到前几天扭伤的右脚还钻心地疼。

好黑，眼前全是黑，黑得就像那天的夜……

2011年3月11日，日本发生了9.0级的大地震。十六岁的少年羽生的故乡就在受灾严重的地区。那天，他失去了冰场。

夜，断电后的黑暗中，那个少年在默默哭泣，挣扎。"我曾经也有过因为不好好训练，别人生气地说'别练了放弃吧'这样的话，但那天我第一次自己想到了'也许我真的要放弃花滑了'。"

为了找到练冰的场所，他不断地辗转各地参加演出，在演出空隙时间练冰。他拼了命地练习四周跳，一次次摔倒，躺在冰上拍着冰面痛哭，他仍然爬起来。

他想通过滑冰，给灾区的人们带去希望。

夜？那就滑出光！

他甩开胳膊，腿一下子蹬起来，就那么不顾一切地又滑出去。"把节目进行到最后！"这是他脑海里唯一的念头。

他在冰场的边缘转过身，就那样决绝地攥紧了拳，举过头顶，又向下拉去。一年的动荡，对滑冰的热爱，比赛时放手一搏的激情，想为人们带去的希望，在这一刻都化作一声发自心底的大吼。十七岁的少年，在这一刻蜕变成了英雄。

冰刀划过空气，身体大幅度的动作抽动了赛场上的寒流，一声声呼啸伴随激荡的音乐，这个少年高举右手，直指苍穹。

那天，他上演了"绝地大反转"，以总分第三的成绩登上了世锦赛领奖台。

他成为了日本最年轻的获得奖牌的花样滑冰选手，全日本为之振奋。

他将每一份精神和力量用尽，他向世界传达了自己永远不会认输的勇气。正如花样滑冰评论员陈滢形容过他："命运对勇士低语：'你无法打败抵御风暴。'勇士低声回应'我就是风暴！'。"

他是勇士，是风暴，在他身上那种永远坚持向前的精神，支持着他一次又一次"绝地反击"，他是逆境中成长起来的王。

这就是我要讲的故事。

这场比赛，人们叫它"小罗朱"，因为在那以后，逆境中的青涩少年逐渐成王。

夜之后，他迎来了拂晓。连破十九次世界纪录，蝉联两届奥运冠军，奖牌金色的光芒，如同晨光一样璀璨。

他的故事，我想，也能给予我们鼓励吧。

就像我们看他的故事一样，在他人看来，"逆境反转"是一种悲壮，但是对于我们来说，这更是一种历练，是为梦想而奋斗，是自我救赎，是希望。

虽然逆境可能让我们绝望过，但我们坚定着，跨越逆境的沟谷，前方的风景会更美好。夜即使漫长，黎明也总会来到。

坚持着，相信吧，正如羽生结弦所说："没有不拂晓的夜。"

葛竞点评

　　整篇文章的结构清晰明了，动作和神态描写非常细腻，行文流畅自然，语言生动，富有画面感。字里行间将一个勇敢的少年形象展现出来，利用时空的穿插，从紧张的比赛场景过渡到充满挑战的困境，又回到现实，完成英雄蜕变，非常具有感染力。结尾的升华也让整篇文章进入了更高的层次，奋斗，是永恒的话题！

拥抱阳光、勇敢吧小女孩

☆许维恩
☆重庆市渝北区龙山小学校（重庆）
☆小中组

> 人生似一束鲜花，仔细观赏，才能看到它的美丽；人
> 生似一杯清茶，细细品味，才能赏出真味道。我们应该从
> 失败中、从成功中、从生活品味出人生的哲理。
>
> ——冰心

是啊，成长路上哪会一帆风顺，就算是满汉全席也有酸甜苦辣呀。

小时候我因为肠内淋巴结发炎，营养吸收不好，长得十分瘦弱，七八岁了还被人误以为是幼儿园的小朋友。而且因为乳牙滞留，有一颗门牙突然斜斜地长出来了。最开始我以为我是不在意的，因为父母已经带我去了齿科，想着只要做矫正不就是会好了吗？可是面对其他人，我是真的不太愿意露齿笑了，偶有发现我牙齿奇怪的，有善意关心我，也有当着我或我父母面前惋惜我这张脸如何被这颗牙齿给毁了，若有我父母在，会礼貌回应正在治疗，夸我依然可爱。可是我知道，再要像从前那样咧嘴放肆地笑，我，是

不敢了，什么唱歌、演讲、与同学或者老师交流我都有抵触了，内心自尊又自卑，可又怕父母看出来伤心，只有小心地将自己的欢乐情绪缩小。那段时间，自卑心就像敏感的小猫，时不时跳出来挠抓我，总是希望别人不要发现我，在角落里，才能放松自在。渐渐地，我也不怎么爱说话了，哪怕是晴朗的日子里，我感觉阳光也离我越来越远。

可是有一天的经历将我推入"大坑"，又给我伸出了很多绳子，帮助我走出了心灵的困境。那天，我和表妹随我外婆去了一条马路之隔的亲戚家，亲戚中有位长辈要请我们吃雪糕，可是我想着医生让我在矫正前最好不碰甜食，况且我那时很羞涩，就小声礼貌地回绝了。可是那位长辈不知为何，对我的拒绝非常不满，突然很大声地当着周围的人说："你一定没吃过好雪糕，不吃也不会挑，你那口牙齿真是特别难看！你看她比你洋气多少？！"我愣神儿了，委屈直冲前庭，眼睛包着泪，咬着牙，什么话也讲不出来，转身一股脑跑出了亲戚的小区。我跑啊跑啊，只想快快回家，当我看到家门时，只知道不停敲门。门开了，妈妈茫然不知所措的眼神，我再也绷不住了："妈妈，我的牙齿太丑陋了！大家都不喜欢我！"我抱住妈妈号啕大哭。哭完以后，我将事情原原本本告诉了妈妈。我看得出妈妈也难受，可是她非常非常爱我，原本都是她在保护着我，有妈妈在，总觉得安全自在。妈妈抱着我，捧着我的脸蛋说："宝贝，这是你成长中的第一课。妈妈不能随时在你身边保护你，你未来得独立勇敢面对不善意的人和言语了。这个世界上有千千万万不同性格的人，有给人善意鼓励的，也有人言辞犀利的，这其中有忠言逆耳利于行的，也有故意嘲讽的，那是他在与他的内心较劲儿呢。咱们不必用他人的错误来惩罚自己，在你牙齿没矫正好之前肯定还会遇到很多人提及它，你大大方方回答就是，你解了他人的惑，他就不会再寻无趣了。要是逃避，这颗牙齿就会成为你心中的刺儿，越扎越深，再拔出来就难了。"我似懂非懂地点点头。

那天，妈妈还跟我聊了"两弹一星"的故事，原来那个时候经济困难，粮食严重短缺，科研人员同样忍饥挨饿，他们互相鼓励，约定若是喝一杯酱油水或者红糖水，就要坚持工作一个小时以上，若是含了一粒蜜枣，那就要坚持工作一个半小时以上。在那样困难的时期，他们没有一个人灰心丧气、消极沉闷。而我现在，吃得好穿得暖，就连我自卑的牙齿，不也是在进行矫正着吗？能改变的事情，我为什么还要沉浸在里面呢？我好惭愧，原来我一直较劲儿的不敢面对的是自己啊，是我不接受我自己，而我自己以为深陷的困境，跟这些科学家遇到的事儿比起来，真是再小不过的坑了。

妈妈想起我一直想报拉丁舞的事儿，趁那个当下鼓励我去挑战自己，因为我原本是喜爱唱歌跳舞的，就是因为不自信，而只能将这个梦想藏在内心深处。那一刻，我内心的火花被点燃了，我真的想要改变，真的想美丽地在舞台上跳舞。我突然感觉自己眼前出现

了一道光，推着我鼓励我勇敢。管它呢，我要去试试看！隔天我就去报名了，从那天起我好好吃饭，积极参加锻炼，无论是体能训练，还是基本功训练，我都铆足了劲儿，从不缺勤，从夏天练到冬天，又从冬天练到春天，我的舞鞋也换了好几双，都是被磨破的。我从最开始双腿发抖着蹲马步，到现在可以二十分钟平板撑，就连跑步我都成了班里最快的。我的体能越来越好，身高也长了十几厘米。流汗的时候心情也是特别舒畅，渐渐地，没人再觉得我瘦弱了，而我心里那只敏感的小猫也变成了勇敢的大猫咪，陪伴鼓励我做出了很多改变。我结交了很多好朋友，还第一次当上了班长，是我主动参加选举的，虽然那时在家里我对着空气排练了很久。我还参加了拉丁舞比赛，戴着牙套去的，笑得可欢了，从紧张到投入，我完完全全沉浸在拉丁舞曲里，我觉得自己可美可美了。到最后听到主持人喊我名字时，我才知道我得了精英组亚军，那可是我曾经不敢想象的事情啊。站在领奖台上，四周喧嚣，可我的心好安静好安静，静得都能听到我心跳的声音，我闭上眼，都能感到四周温暖和炙热的光芒，这光就是梦想啊！我笑了，我哭了，真好，我好喜欢现在的自己！

　　挫折会来，也会过去，热泪会流下，也会收起，没有什么可以让我气馁的，因为，我有着长长的一生

——席慕蓉

告别过去、拥抱阳光，我要继续真诚地做自己，善待他人，善待自己，我要勇敢去追逐我未来的光！加油吧小女孩！

小作者以朴实真诚的文字，字里行间都流露出自己的真情实意，能在成长中收获感悟与总结经验，是小作者身上超乎同龄人的宝贵体验。比起面对缺点本身，能够拿起纸笔，勇敢地将自己内心自卑、恐惧的一面展现出来，已经是一件很了不起的事情了！小作者是一个能够勇敢面对生活的阳光女孩，未来可期！

逐梦前行

☆张祐铭

☆北京小学大兴分校（北京）

☆小高组

（一）那个傍晚，暮霭沉沉

夕阳是一首疲惫的歌，渐渐地流淌进了淡紫色的天际。

"强弱对比不明显！""16分音不均匀……"钢琴七级考试不通过的评语宛若一个挥之不去的梦魇，一遍一遍地在我脑海里回放。我迷茫而又惆怅，想要放弃，但成为钢琴家的梦想却让我又不忍离开这黑与白的世界。

（二）那个月夜，重拾斗志

"孩子……"身后传来一个温暖的声音，"咱们家的绿萝已经垂到地面了，你不是一直都期待着吗？过来看看吧。"妈妈轻轻地走进房间，拉着不情愿的我来到了阳台。

清冷的月光洒向大地，也笼在了那一盆绿萝上，为它嵌上了一层银色的边。我有点不敢相信自己的眼睛，翡翠般的心形叶片层层叠叠，就像一挂瀑布从一人多高的花架流淌而下，垂到了地面！是什么力量让它一寸一寸地伸展着藤尖，朝着地面不断地前进。

"还记得荀子《劝学》中的那段话吗？"妈妈微笑地看着我。"不积跬步，无以至千里；不积小流，无以成江海。骐骥一跃，不能十步；驽马十驾，功在不舍。锲而舍之，朽木不折；锲而不舍，金石可镂。"望着生机盎然的绿萝，我轻轻地背诵着这几句名言。绿萝厚积薄发的坚守让它从小小的嫩苗长成如今规模，那么我呢？

宛若玉石般的琴键氤氲在明亮的灯光下，散发出令人陶醉的光泽。我闭目沉思，要想练好钢琴，就应该像老师说的那样，必须要勤练。那一个个似若蝌蚪般的音符在我脑海里畅游，慢慢组成灵动的指法在黑白间欢快地跳跃。坚定地，双手划过琴键，一遍、两遍……十遍、百遍，一点一点地向玫瑰色的风景挺进。

（三）那段时光，一路迤逦

每个黄昏，我在乐谱中亲吻最后一抹夕阳；每个夜晚，我在黑白的琴键中追逐第一抹月光。曾经多少次，因为强弱对比不明显，如水般流畅的节奏缺少了灵动；又曾经多少次，因为分音不均匀，本应悦耳动听的音乐变成不和谐的曲调。但心中有个声音在回响：努力努力再努力，我一定能实现我的梦想！

追忆曾经的付出，我突然发现，我爱上钢琴不是因为那优美的旋律，也不是因为它满含丰富的情感，而是在弹奏的过程中我明白了，那些点点滴滴的付出，那些克服惰性坚持弹奏时的痛苦磨炼，不但养成了正确的指法，更见证着我的坚持，我的不懈，我的努力。众里寻他千百度，蓦然回首，成功就在汗水挥洒处……

<blockquote>
葛竞点评

文章结构完整，层层渐进，文笔清逸婉丽、清新优美，以"月夜下的绿萝"为托，对事物观察具体细致，能够通过表象联想到自身，并进行感悟与总结，是文章的亮点。通过《劝学》点明主旨，文章蕴含着朴素而深刻的道理，如若能再加入一些具体的情节描写，文章将会更加充实饱满。
</blockquote>

破茧成蝶

☆李愉涵
☆成都市锦江区外国语小学（成都）
☆小中组

　　有一只毛毛虫，它披着一身熙熙攘攘的枯黄的毛，恶臭的淤泥外还铺着一层厚厚的灰，看上去畏畏缩缩，还有些孤单。

　　这天，它正悠闲地散着步，迎面走来两只蚂蚁，其中的一只一看到它，便冷嘲热讽："哈哈，快看！我们的'丑陋王'又来啦！瞧它那脏兮兮的模样，像极了一个衣衫褴褛的乞丐，而且总是缓慢地蠕动着，真令人讨厌！"另一只低声说："是啊，它如此丑陋，我们还是远离它为好！"说着，便拉着另外一只的手迅速地溜走了。

　　毛毛虫黯然神伤，暗暗下定决心，一定要破茧成蝶。它为自己做了一个坚固的茧，心想：大概这就是"作茧自缚"吧！说完，它便把自己包裹起来。

　　在这艰苦卓绝的四十九天中，它每天都忍受着巨大的痛苦。一动弹就会饱受身心双重的折磨，可它总会安慰自己："不经历风雨，怎能见彩虹？"最终，它撑破了茧，扇了扇它那五彩斑斓的翅膀，轻盈地向花丛中飞去。

毛毛虫先是相貌丑陋，面对众人的讽刺挖苦，冷言相待，它选择了积极面对，奋勇向前，坚定信念后在茧里养精蓄锐，备受痛苦的煎熬，最终走出困境，获得重生。

其实人生亦是如此。"宝剑锋从磨砺出，梅花香自苦寒来。"古往今来，有多少伟人不是在挫折中磨砺自己，在逆境中挑战自己，才成就了一番大事业？

当年失去听觉的贝多芬，通过与命运的顽强搏斗，如今成为了中外闻名的作曲家；当年因染上风寒而落下终身残疾的华罗庚，在数学王国里，披荆斩棘，成为了著名的数学家；当年因学习能力弱而被同学们嘲笑，不被看好的霍金，成为了一位举世闻名的科学家。

在成长的路上，困难和挫折是不可避免的，但我始终相信"阳光总在风雨后"，正如毛毛虫破茧成蝶，迎接新生！小小的毛毛虫都能做到，我们又何尝不能？让我们笑对挫折，勇往直前，绽放出圣洁的花朵！

作品的优点是能够细心观察生活中的一些细节，如"毛毛虫"破茧成蝶的过程，由此联想到人生中的一些境遇，一些困难与挫折，进而讲述了怎样破解困难，怎样从挫折中走出来的道理。应该说，作者的思路是清晰的，道理也是能讲透的。当然，如果作者意识到应该努力从这些普通的道理中提炼出更为深刻，属于自己独立思考的心得，这篇文章可能会写得更好。作者对现实生活有独到的发现，但思想发现还有待于跟上。

莫嫌荦确坡头曳杖声

☆陈钱容
☆苏州市吴江区梅堰实验小学（苏州）
☆小高组

人生是什么？这是一道开放题——很简单，但也很难。有人说，它是一段时间；有人说，它是一段记忆；有人说，它是一段求知的路……而我觉得，它是一个直面困难并一点点扳倒它的过程。诗仙李白亦有诗云："夫天地者，万物之逆旅也，光阴者，百代之过客也。"文学大家东坡先生则教我们看淡困苦："莫嫌荦确坡头路，自爱铿然曳杖声。"

是的，人生不可能一帆风顺，不遭遇困难，不遭遇坎坷。有时候确实是"人在家中坐，祸从天上来"。怎么办？当然是站起来！用信心支撑自己直面它，张开羽翼奋力拼搏，跟自己较真劲。即使摔倒，那也不意味着失败，一经摔倒就再也爬不起来才是彻彻底底的失败。困难何尝不是件好事，没有困难的打磨，哪里来的辉煌呢？明朝第一首辅张居正，你以为这位天才的仕途青云直上吗？不，经历了太多的明争暗斗，他才"玉汝于成！"

然而，为何很多人虽然经历了困难，但却没有成功呢？是因为他们没有勇于面对困难，矢志不渝的勇气和决心？还是承受不住这样那样的打击，心灰意冷？就像《35公斤的希望》中，主人公的爷爷对他说的那样，让自己"做不到"是最简单的，只要说一句"我做不到""不可能"就可以。然而这样看似省力，却会让你失去许多机会，渐渐地，何来委以重任呢？生活就像一面镜子，你对它哭丧着脸，它便会阴云密布，令你寸步难行；你对它自信地笑，它便会阳光灿烂，变得一马平川。

人，生来就该在磨砺中成长，只有这样才能成为栋梁之材；不然就只能沦为柴火，碌碌无为。历经风雨后的彩虹才是最美的。心学大师王阳明初入官场因反对宦官专权遭受了庭杖、诏狱的双重折磨，成了所剩无几的幸存者。贬谪路上还差点被刺杀，逃回老家看望家人后又毅然走向瘴疫之地——龙场。他在龙场与疾病、命运抗争的过程中悟出了心学，并流芳百代。最后的士大夫——汪曾祺老人就像一株长在路边的马兰草，曾经任人踩任人压，被浇以丑恶污秽，却吐露芬芳，泼辣辣地生长着，何等的宽容豁达、幽默有趣！《平凡的世界》作者路遥这位在苦难和贫瘠里长大的伟大作家，硬是把自己平凡的生命，绽放成一朵血红的山丹丹花，留下一部传世巨作。而今，披甲逆行的白衣战士又何尝不是尝尽人间苦辣，奋起有为，为我们筑起一道巍巍长城；再回想我十多年前消殒的外婆，她何尝不是咬紧牙关，强忍苦痛来对抗癌中之王。所以说，在这个世界上，最有力量的人并不是那些身居高位手握权钱的人，而是那些能和灾难、不幸和平相处的人。他们直面内心的悲壮，在沉默之

中积蓄了无穷的能量。在这些饮尽沧桑之酒的前辈的激励下，我不再畏惧小升初这道坎，踏踏实实做好每一道课内课外检测题，提升自己成了我现在的目标。

人就是为拼搏而生的，就像花就是为绽放而生的一样。困难才是我们最好的老师。人就得像珍珠贝那样，能承受住困难的折磨，才会孕育出华美的珍珠，反之则离无谓的死亡又近了一步；就像从深山里开采出来的美玉，没有经过高温高压的磨难，怎得以如今这般完美的模样出世？就像美轮美奂的瓷器，原本粗糙平常的经过无数次筛选捶打才能被制成泥坯的原料，没有经过长时高温煅烧，怎能以现今这般令人耀目的姿态呈现？

这个世界会给我们许多磨炼，从而让我们迸发出生命的光芒。而我们不甘平凡，努力奋斗所实现的生命变化，会唤醒更多的生命。一个从容面对困苦，时刻保持清醒、理智的人，虽然一路泥泞，但前方等待他的会是什么呢？

人生就是一条满是荆棘的路，就让我们和东坡居士一起，莫嫌荦确坡头路，自爱铿然曳杖声吧！

陈钱容同学的文章是篇议论散文。他从不同的角度论述了人生就是应该在磨砺中成长。在文章中引用古代名人的诗句和近当代作家甚至是自己亲人的故事和经历。后者的引用不可小看，它使得文章不再是空洞的议论，而有了质感，有了感情。使得读者会有种感同身受，就发生在我们身边的亲近感。

生命的真相

☆傅天怡

☆武汉大学附属第二小学（武汉）

☆小高组

人可以被毁灭，但不会被打败。

——海明威

（一）人不是为了失败而生的

老人在船上，与鲨鱼搏斗着。他的小船在海浪之中，时隐时现。

鲨鱼在他的小船底下，拼命地撕咬着他捕来的大鱼。

他坚毅，顽强，可大鱼还是难逃被鲨鱼吞噬的命运，两天两夜后，他拖着疲惫的身躯，拖着一副鱼骨，回到了家，躺在家里的报纸上，从梦中忘却那残酷的事实。

他一无所获。

可是谁说他被打败了呢？他难道不是真正的勇敢者吗？

是的，他是真正的勇者，因为他不甘于接受失败。

（二）一无所有，一无所惧

这是一个传统女子的往事。

她被丈夫抛弃，漂泊异乡，无依无靠。困顿之时，又遭遇了失子之痛。

她陷入了人生的低谷。

她一无所有。

但是她有自己的追求，为了生活，她曾多次辗转，很快她发现了自己杰出的经营能力，成为了女子银行的总裁，站稳了独立的脚步，晚年她收获了大圆满，事业有成，儿孙满堂。

她是张幼仪，民国诗人徐志摩的前妻。她曾经遭遇过种种挫折，她通过努力，为自己创造出独一无二的财富。

（三）面纱

毛姆在著名作品《面纱》中提及：若是掀开了生活的面纱，发现苦难和甜美都只是繁花一瞬，我们又何必畏惧直视生命的真相呢？

是啊，苦难和甜美都是繁华一瞬。人生最多的只是平淡无奇，可是，当山重水复疑无路时，我们又何必去畏惧困难？难道不应该去直视生命中那大大小小的困难吗？坦然面对，总有柳暗花明的时候。

（四）人生如迷宫

人生如迷宫，虽有碰壁，却无死角。

成长的烦恼，每个人都会有吧。

去年期中片考，我考得很不好，由于是对口学校出的卷子，所以形势对我很不利，我疯疯癫癫了好几天，最终还是恢复了状态，当时觉得天塌地陷的事，现在却已淡然。

艰难的境遇中，你要鼓盆而歌，活出庄子逍遥的境界。任何困难，挺一挺，就过了。

谁说太阳落下你非要感叹，夕阳无限好，只是近黄昏？

我会想，在短暂的暗夜以后，那迷人夺目的曙光，以及日出的景象。

一想到那雀跃的美丽，我淡笑，静静地观赏着酒红色的晚霞，以及闪烁着的万家灯火。

几则读书心得，提炼出一个励志的主题，讲述了"任何困难，挺一挺，就过去了"的道理。看得出，作者平时读了不少文学作品，也思考了许多人生问题。从海明威那里，读到与命运搏斗的勇者精神；从毛姆那里，读出面对困难的勇气；从自己身上，反思成长的烦恼与困惑，但终将走出迷惘，看到日出的景象。应该说，作者想了很多，但难免有些抓不准重点。

生命中的选择

☆蔡译睿
☆南昌市育新学校（南昌）
☆小高组

也许，我们会希冀，人生是一条平整的公路，是一条无风的河流，是一辆永不出轨的火车。但残酷的事实让我们知道，人生充满了分歧。不断的选择，是生命途中的主旋律。

选择看似会影响我们的命运。它让莱斯与电话机发明者只差五丝米，也让苻坚失去了唾手可得的胜利。它像一位冷面无情的裁决者，或将你推上胜利的列车，或让你沉入失败的深渊。任何一次选择的错误，都可能让你的生命背负上不可承受之重。因为一次选择的失败，便灰心丧气地度过后半生，仿佛生命坠入了刺骨寒冷的地狱，无法忍受。

可如果让自怨自艾的人们回到过去，又会如何！走上另一条路的他们是否会找到自己心中的幸福？

答案是否定的。"天生我才必有用，千金散尽还复来！"那些沉浸在一次选择失误中的人们，人生终将永远黯淡，而真正的勇士们从不为自己的过去而悔恨。言菊朋从贵族变为优伶，是俗人们眼中的沦陷，却让他成为中国戏曲史上开宗立派的大师。鲁迅弃医从文，是俗人们眼中的不切实际，却让他成为中国文学史上最高大的丰碑！在他们眼中，选择无论是世俗的成功还是所谓的失败，都终将成为他们成功的阶梯！每一种选择都会有它的收获与代价，有它的伟大与落寞。而我们人生的辉煌与低谷，也无法被一个个选择左右。无论走向何方，我们，都应吟啸着对待那些风雨阴霾，将它们一一写在心头，等待着百战成诗的那一天，再将它们融入生命高潮之中，化作一场硕果累累的丰收。我永远相信，生如夏花之绚烂的我们，终将摆脱选择的桎梏。无悔地走向未来，将自己来时的路，走到极致。

人生，不是一场预先设定的舞台剧，风险与危难永远存在着。人生也不是一条平整的公路，选择会永远伴随我们的生命。人生，其实是一盘精妙的棋局，永远落子无悔。而对弈的我们，不需为上一步的选择而懊悔，只需无谓西东，继续往前，任未来迷雾重重，任对手咆哮奔涌，便能走到那云开雾散的时刻，成就最初的梦想。

马小淘点评

开头不俗，既有文采又不堆砌，能做到先声夺人。小作者又举了莱斯、苻坚、言葡朋、鲁迅等等很多例证，足见小作者的知识储备和平时生活的积累。但仅就这篇文章来看，层次不够清晰，短时间内的处理略显生硬。有一种材料优质，却未混合出最优味道的遗憾。希望小作者继续努力，能更好地展示自己的实力。

得失相伴，祸福相依

☆张逸
☆吴江区松陵一中（苏州）
☆初中组

常说"多条选择就多条路"，然而真是如此吗？弗罗斯特曾说："我的面前有两条路。"选择了一条，就必须放弃另一条，多年后回忆起来，我们是否会有悔恨，会有遗憾呢？

心理学中著名的"手表定理"生动地向我们展示了这个问题：当一个人有一只手表时，他可以确定时间，但有两只手表时，他便迷茫而不知如何决定了。我们必须思考：多个选择，究竟是多条路，还是多个选择不定的方向呢？若做出了错误的选择，又是否应追悔呢？

其实选择无所谓对错，我们所要做的，就是把自己的选择变成对的。钱学森当年毅然回国为祖国的科学发展作贡献；而杨振宁因研究方向和国内条件，接受众人劝说选择留在国外发展理论物理。两人的选择截然不同，却都获得了极高的赞誉。选择没有对错，跟从自己的心；有为自己的选择担当的勇气，其实是我们在面对选择时唯一所需要的。

而为了已做出的选择，已发生的事哭泣、后悔，更是毫无意义。泰戈尔曾说："如果一个人为错过日出而哭泣，那么他也将错过群星。"我们不应郁结于当下，而应着眼于未来。毛泽东没有为国民党的"围剿"、为中央的错误决策而惋惜。他败不馁，指挥四渡赤水河，胜不骄。开创红色根据地。试想，若他当时只是一味后悔，又怎有今天的中国？着眼未来，才能远行。

世上本就没有十全十美的事，猫爱吃鱼，却不能下水，鱼爱吃蚯蚓，却不能上岸。人生就是一边拥有，一边失去；一边选择，一边放弃。我们总在犹豫，总在想着前方是否会有更好的路，总在想着过去是否曾有更好的路，想着想着，我们便停滞不前，畏畏缩缩，垂头丧气。鲁迅先生曾说过："世上本没有路，走的人多了，便也成了路。"不要后悔自己的选择，更不要自暴自弃，在漫长而美好的人生里，不要抱怨生活的不完美，要去欣赏自己的美。

世上有太多人陷于"邻家芳草绿，隔岸风景好"的诅咒，很多时候我们甚至没有注意到自己已走出了一条路。选择本就如此：得失相伴，祸福相依。无须后悔，无须犹豫，无须将选择放在理智的煎锅里颠来倒去。放手去做，放眼去看，未来是无限好的一片旷野，等待你走出自己的路。

马
小
淘
点
评

　　文章语言清爽利落，结构紧凑清晰，有条不紊地推进中展示出小作者的运筹帷幄。引经据典，例证紧紧围绕主题，详略合理，成熟自洽，是一篇圆熟稳健之作。同时，对于选择，对于得失，小作者的观点也比较老到，禁得住推敲。如果在四平八稳的基础上，再松弛一点，再释放一点少年的天真，可能会让文章更有特点更有生气。

风雨过，暗香来

☆施金岐
☆人大附中（北京）
☆初中组

> 春日，花开，经风霜，历严寒，性贞坚。风起，香散，氤氲霭霭，清湛香远。流动似蜜，波动如水，香益往日数倍。
>
> ——题记

棋开

黑白对弈，我执黑，彼执白，彼来我往，觥筹交错。悠然间四势皆稳，局定，棋开。

入考场，观试卷，笑微起，淡然间，试束。

棋危

布局始，争地盘。数回合，轻敌怠慢，致大错。失地败势，急转直下，局势败乱，棋危。

成绩出，冷水泼头，心赛油烹。恍惚时，筝乐起，拨乱心弦，烦躁难堪。

棋争

中盘起，苟延残喘，狠咬牙，立誓转乾坤。静心凝神，周演万化。招招逼人，步步夺情。可收百分利，不留一分情。刀枪举，竭力厮杀。持金匕，干擒八部天龙；使百人，敢破万里长城！棋争。

静心下，细思虑，何处致错？良久，乃识：急题粗心、学识不牢。心决，志在痛改前非。心志坚，励精图治，奋发图强，欲雪前耻。日观书，夜思文；朝始学，夜乃息。堂前坐，心游四方；书中望，刨根问底。读书时，心生根，耳无声，眼如钉，思千虑。听课时，手如疾风，心无旁骛，耳赛海眼，脑如绵。

棋胜

临官子，绞杀难分。忽见疏漏，大喜过望，左冲右撞，乘势追击，全局开花，倒转乾坤。局束，数子，黑百八十六，棋胜！

大考至，胸有成竹。卷下，细观题，静心凝神，笔走飞鸿，行云流水，势如破竹。成绩出，欣喜万分，一雪前耻！

逆流而上，勇者也；怯而不战，懦者也。风雨瓢泼，花枝傲然，昂昂然任风吹雨打。倏时，天晴，暗香扑鼻，露珠滴滴，微微摇曳，娇媚百态。可谓：心坚，长风破浪；春来，百花齐放！

从下棋入笔，生动描绘一盘棋开局、对弈到结局的过程，以棋为喻，实则是写学习的一波三折。构思巧妙，虚实结合，有细节描写，有分析评说，有情绪的起伏收放，能看出小作者花了不少心思。纵观全文，大部分句式不过四字，可谓言简意赅，特点鲜明，看得出写作者有对语言的打磨和追求，有不同流俗的个人特色。

如果梦有重量

绝处逢生的薄荷草

☆王梓睿

☆中国地质大学（武汉）附属学校（武汉）

☆小高组

    我是一株薄荷草，出生在一个大家庭中，从小跟许多兄弟姐妹一起嬉戏、打闹。在一个风和日丽的日子里，我被单独移到了一个陌生的地方。偌大的花盆里就我一株草，没有兄弟姐妹和朋友的陪伴，孤独极了。没过多久，我隔壁搬来了一个新邻居。据她自己介绍，她叫仙人掌。她满身都是刺，看上去还挺让人好奇的。

    一日，我的新邻居仙人掌开花了，白色的小花尽情地绽放，像个喇叭似的冲我微笑，看起来漂亮极了！我情不自禁地叹出声来："好漂亮的花！"仙人掌听了不好意思地低下头说："谢谢你，我为这朵花的开放积攒了三年。我在之前的主人家里也见过你的兄弟姐妹，等到夏秋之际，你也会开出美丽的花！"天哪，我居然也可以开花！听她这么一说我十分期待自己开花的模样，每天都为自己盛放的那一刻积极吸取养分，做好准备。

    转眼就到暑假了，在小主人的细心照料下，我已经由一株草发芽裂变成了一盆草，我成了这盆草的大家长。炎炎烈日，加上天气干燥，每天要喝很多的水才能保持叶子们的鲜活水灵。而我的邻居

却恰好相反，即使小主人好几天都不给她水喝，她依然能保持旺盛的生命力。

这天，我家的主人们收拾行李，大包小包地准备出远门。一开始我还没意识到这意味着什么。等人去楼空，门被锁上的那一刻，仙人掌皱起眉头担忧地说："朋友，主人们都远行了，看样子也不是一两天的事，到时候没人给你浇水，你要怎么活下去？快想想这个问题！"被她这么一问，我才恍然大悟意识到问题的严重性。没搬到这里之前，我是露天生长，所以即使不浇水，靠自然雨水我也能活下来。可是现在我是在户外窗台上待着，可这遮风挡雨的房檐已经帮我"挡"掉了生命之源。我该怎么办？

刚开始的几天，没有水喝还能勉强扛一扛。等到一周过去了，盆里的叶子开始慢慢枯萎。邻居仙人掌提醒我，这个时候要保持水分，尽量减少水分的支出。我竭尽所能抑制自己的生长繁殖，减少一切可以减少的水分支出。即便是这样，过了两周，我已经严重脱水。盆里的绿叶子寥寥无几，仿佛风一吹就能为我的生命画上休止符。这时，仙人掌着急地喊道："喂！你别忘了还要开花给我看的。打起精神来，你把叶子努力往我这边靠近，等明天早晨露水出来的时候，我用身上的刺为你输送一滴露水。你先扛一扛，困难总会过去的。"听完她的话，几乎要昏聩过去的我咬紧牙，努力支撑着身体，维持着生命的运转。

等到盆里最后一片叶子枯萎的时候，我埋在土里的根茎大部分也都坏死了。我已经没有力气再垂死挣扎了，我想我是等不到自己开花的那一刻了。就在我奄奄一息的时候，突然几滴水洒过来，落在我的唇边。我抿一抿嘴，水流到了我的嘴里渗到了根茎部，我慢慢地开始有了一点知觉。原来是主人嘱托邻居来给我浇水了，这次水浇得很多，我一次喝了个够。没过几天，我又开始生根冒芽了。慢慢地，我彻底恢复了生机。

今年秋天的时候，我的枝干上真的开出了一朵朵白色小花，小小的一串，像极了生命跳跃的音符。我终于开花了！

张之路点评

王梓睿同学写了一篇小童话。这是一篇优秀的作品。因为文笔流畅，小花成长的细节真实。这篇童话很有生活也很有童趣，因为写了两种植物的交流和友谊，他们在交流中得到了力量，就像两个小伙伴彼此鼓励。作品的最后，作者没有编造仙人掌怎么给了薄荷草水分，而是邻居来浇水了。作品就更加可信，而富有感染力。

热带雨林历险记

☆李宣萱
☆中山大学附属外国语学校（佛山）
☆小高组

艾迪、淘淘、大壮是我最好的三个朋友，平时除了睡觉以外，其他时间基本上都黏在一起。我们有个共同的爱好，那就是探险。说起探险，艾迪和淘淘就太菜了，属于能动口坚决不动手的那种，大壮人如其名，有勇却无谋，我嘛，当然自带主角光环，谁让我天生不凡呢！

暑假的一天下午，我正在家里写作业，那三个死党兴冲冲地跑过来，兴奋地对我说："我们一起去热带雨林玩儿吧！""我想热带雨林应该不错，刺激又好玩的！"

于是我们一拍即合。既然是探险，那装备是必不可少的，像强光手电筒，防水和防晒的衣服裤子雨鞋、绳索、火柴、食物、帐篷等等都被我们塞进了背包。

在一个阳光明媚的早上，我们一行四人进入了热带雨林。热带雨林里成排成片的参天古树高耸入云，巨大的树冠遮天蔽日，使得整个雨林的光线比外面暗淡了很多，地面上湿漉漉的，厚厚的枯叶踩上去软软的，还散发着浓浓的腐朽的味道。

由于没有路，我们四个就慢慢地摸索着往雨林深处走去。可是我们刚走一会儿，就看到淘淘明显矮了一截，看了才发现，原来他陷进了一个坑里，坑里有水，上面还盖着树叶，如果不仔细观察根本分不清楚。只见他半截身子陷在水坑里，两个胳膊拼命地摇晃着，尖叫地哭喊："救命啊！……"旁边的艾迪可能吓坏了，呆呆地站着也不说话，我和大壮还算比较冷静，赶紧从背包里掏出绳子，一头扔给淘淘，然后使出了吃奶的劲儿，一点一点地把他拉了上来。我们四个都瘫在了地上，也不知是紧张的还是累的。

"我不走了，我退出！"淘淘用颤抖着的手拍着胸口，哽咽地说着。

"我也退出，会没命的！"艾迪也紧张地附和着。

虽然我也很紧张，但是我还是站了起来，说："所谓探险，其实就是走别人没有走过的路，经历别人没有经历过的事情，谁也不知道前路是铺满鲜花，还是遍布荆棘和陷阱；如果就此返回，那么我们这次探险就会变得毫无意义，如果我们继续前进，前方也许会是一片光明；我不敢保证前方的道路会怎样，但只要我们勇于面对，齐心协力，一定会走出一片天地，让这次旅行完美落幕。"雨林里因为这番话变得静悄悄的，大家都沉默着思考着。一会儿，大壮站起来说："继续走，不要留遗憾。"

"继续走……"

"继续走……"

淘淘和艾迪也不约而同地站起来说着。看着他们这样的表现，我不由自主地笑了，也更加坚定了我继续走下去的信念。

天渐渐地黑了下来，我们从背包里拿出帐篷，找了一处相对干净的地方，准备在雨林过夜。帐篷里，我们四人并排躺着，透过帐篷的纱窗可以看到点点星光闪耀在夜空里，雨林里静悄悄的，可能是那些小动物也都睡觉了吧；我们都没有说话，回忆着白天的事情，慢慢地进入了梦乡。

新的一天很快到来了，阳光透过树枝和树叶的缝隙照了进来，像一条条五颜六色的绸带，漂亮极了！淡淡的晨雾还依旧飘浮在地面之上，久久没有散去。叽叽喳喳的声音此起彼伏，那是鸟儿们在歌唱。雨林的早晨如梦如幻，像极了仙境。我拿出了相机，用镜头记录下了这片美丽的雨林风光。

出发了！我们又开始了新一天的旅行。一路有惊无险，我们顺利地到达了这次雨林之旅的终点。耶！我们胜利了！我们像获得了奥运冠军一样欢呼起来，喜悦的泪水涌满双眼。

我们的学习过程多像一场旅行啊！在知识的海洋里有很多的拦路虎阻挡着我们，一道道难题，一个个未知的困难，然而这些都不能阻挡我们前进的脚步。面对困难我们只能勇敢面对，一次考得不好不用怕，认真总结，在哪儿跌倒就在哪儿爬起来。我相信，只要我们认真学习，不畏艰难，一定能够成功。

李宣萱同学的这篇散文选题很好，探险的地方还是热带雨林。四个小同学还各有特点。我们看了开头就很想知道后来怎么样了？对！有悬念……当我们看到一个同学陷在水坑里更是跟着担心……这篇作品如果在后面能够与前面照应一下就好了。后面发生什么事啦？可惜没有看到，只看到了结果，因此前面比较重，后面比较轻。对于一个作品来讲读者就稍有些遗憾了。

"绝处逢生"的"小雪花"

☆孙博宇

☆西安市第七十五中学（西安）

☆初中组

秋风乍起，凉意一阵紧似一阵，天穹高远，渐次泛起乌黑单薄的云。

其间，有一棵气势磅礴的参天大树——我，生来就是一头葱绿的鬈发，青草多如牛毛，犹如草原一般繁密。弯曲的臂膀遮住了我那沾满泥浆的耳朵，棕褐色的皮肤好似浩瀚无垠的沙海，不管从什么角度看，你都能看到我那郁郁葱葱、色泽亮丽的须发。

森林远方的一个小白点儿，吸引了我的注意力。渐渐地，小白点儿变大了，变成了一个浑身洁白如雪的"小雪花"。

细看，只见它的眼眉皱成一团儿，眼睛眯成月牙儿，但目光炯炯，好似充满了坚毅果敢，它张大鼻孔，撇了撇嘴，脸色铁青。

同时，在这个"小雪花"的身后，快速涌现出一个"小黑点"。渐渐地，小黑点也变大了，变成了一个人形。只见他嘴角上扬，脸上充满傲慢，项戴银圈，斜挎箭囊，手持二柄钢叉，向那个"小雪花"全力地刺去，那"小雪花"却将身一扭，反从他的胯下逃走了。

他仍不甘心，飞快地跳到"小雪花"近前，用其娴熟之手快速摘下灰箭，拉好架势，轻轻一甩，灰箭飞向"小雪花"，十米、八米、五米、两米，只见"小雪花"这时轻轻一转身，头慢慢一甩，灰箭从它的鼻尖"嗖——"飞过去了。这时，第二支灰箭又到了，十米、八米、五米、两米，只见"小雪花"这时"嗯——"一仰身，灰箭又从它的头顶窜过去了。我偷眼一看，它的额头上流出了百折不挠，千辛万苦，坚定信念，勇往直前的柠檬汁；这时，下一支灰箭又来了，这支箭微微地擦了一下它那嫩白色的肚皮，起了一点点火丝，但毫发无损，灰箭就这样飞过去了。

　　此时，雨点儿落在地上，溅起一团团包裹着灰尘的泥浆；落在地上，宛然绽放了一朵小花儿。到处都是密集的雨丝，到处是跳跃的箭头。冷不防，一个闪电，接着是震耳的雷声，轰隆轰隆……像巨大的滚筒，滚着滚着，渐渐远去了。但这个声音还没有完全消失，轰隆隆，又一个大雷炸开……高的声音、低的声音、短的声音混在一起，仿佛在哀嚎……

　　他嘴角抽搐，鼻翼扇动，脸色通红。只见他扯出一个灰白色的细网，用其娴熟之手轻轻一兜，只见那个"小雪花"撇了撇嘴，眼中充满坚毅果敢，轻轻一转身，不见了踪影。

　　他脸色阴沉，把脚一跺，悻悻而去……

　　刹那间，雨住了，尽管太阳当空，但凉风习习，泥土的芬芳扑鼻而来，沁人心脾。

"绝处逢生"的"小雪花",不,小白兔,它那顽强而自信的生命;它那坚定信念,勇往直前的精神;它那克服困难,顽强拼搏的态度,怎能被"刺客"剥夺呢?

马小淘点评

小作者以森林里一棵大树的视角,描述了小白兔在猎人的追击下险象环生的脱险过程。小白兔弱小却顽强的形象凸显了作者想要表达的主题。小作者所选的角度独到,不落窠臼,可见花了心思。但词汇量略显贫乏,整体而言稍显文采不足,或可通过多阅读来提高。

光

☆李添依
☆海淀区教师进修实验学校（北京）
☆初中组

"3650"，我拿起笔，摇摇晃晃地在床头的墙壁上写下四个醒目的数字。放眼望去，原本白花花的墙在不知不觉间被密密麻麻的红色数字填满了——我的征程就要到达目的地了。

"001，001……收到请回答……"我眉头一皱，赶忙按住胸前别戴的对讲机："001收到，请指示。""距出舱还有两小时四十分，请做好准备！"耳畔是距我整整一百亿光年外地球上传来的声音，我意识到，盼了许久的一刻终是要来了。

接到任务的那天，我还是一袭乌黑飘逸的长发，他还是意气风发的壮年指挥官。"十年！？""十年准备期，十年从地球到行星，再一个十年返回。"三十年，人生又有几个三十年呢？我犹豫了。而此时，坐在我身边的那位先生，我的老师，我的引路人，缓缓抬起手，拍了拍我的肩膀道："这次你要一个人了，我有些不放心啊……"我抬起头，映入眼帘的是他一双似刚从水中浸过般的双眸，他欲言又止的样子却再次增加了我的不安与恐惧。

这选择，究竟怎么做？

任务布置结束后，他一手拄着拐杖，一手领着我，硬要拉我到观测天台去。我知道的，他常年坐在精密仪器前，一坐就是一天，腰积了毛病，腿也不大利落，但好在，他眉眼间仍保留着少年的飒爽与风度。

"哇，好久没见到这么耀眼的星空啦!"我昂起头，一手紧紧拉着老师，一手攥了拳头。兴奋极了。观测台上，被皎皎月光映射下，站立着三个影子，除了我与老师，还有架观测望远镜。他带着我走到镜前:"看看吧。"于是我摆足了架势，像是要从一方小孔窥见整个宇宙。"看到什么了?"我一一回答出天上有序排列的星座，又如数家珍般道:"还有几颗远行星也好亮。""没了?""我……我就看到这些了。"原本兴奋不已的我瞬间被老师的一句话浇灭了兴致。"往那儿看。"他坚定地举起手，食指用力向前伸着。我顺着他所指的方向看去，那儿黑乎乎的，什么也没有。"看到光了吗? 是很闪耀的一束光，是人类永不停歇寻找的一束光;是数以万计的学者、科学家终其一生从青丝到白发也要触及的光……也是曾经照耀和指引着无数人的光。现在，你是离那光最近的人啦!你要往光里走，扑进黑暗里。"说着他整理了自己的乌丝，"这次，靠你啦!你带去的是人类盼了几千年的梦想，带回的是宇宙无数次向我们传递的希望。只是……但愿你凯旋之日，我能亲自拥抱那个满身光明的你。"我望向"光"，又看向他的侧影……

这选择，我做了——我一定去!

于是我扑进无边无际的黑暗里，去寻找璀璨夺目的光亮。

"001，001……陆地一切就绪，请检查舱内是否准备完毕。"今天，是地球上2220年的第一天，也是"逐光号"抵达目的地的日子。

我长长地呼了口气："一切就绪，准备出舱。"

"3——2——1"，遥不可及的光已然在眼前，触不可及的梦终是实现了。我享受着太久没有沐浴过的光明，张开双臂，与它扑了个满怀。老师，你们看到了吗？

"'逐光号'一切顺利，预计六十秒到达距指定地点外三十米处。"我听到了再熟悉不过的声音，真快啊，转眼间我带着光，一路遥遥相望的蓝色星球，我终于回来了！

"哗啦……"我感到外面有些令我不大适应，掌声与欢呼声交织，似乎此刻我成了全世界的焦点。可我只有那一个念头——

我木讷地配合着工作人员，双眼却不自觉地环顾四周："老师呢？拥抱呢？""前辈？""前辈，这是郑老师嘱咐我留给您的。"我颤抖着接过这个年轻小伙子送来的一张四四方方的卡片。我认得的，是三十年前，我遥望星光时，他拍下的背影，那照片背后有几行字，墨迹早已褪色，只依稀辨识出——"祝贺你……"

我拥着照片紧贴在胸口，说道："老师，我和那星光一道凯旋了，我回来了！我不后悔当初的选择！"说完，湿了眼眶。

马小淘点评

围绕主人公我与老师一起探索行星、探索宇宙的故事展开，有情节、有悬念，选材奇特，引人入胜。三十年时光，带着人类了解宇宙的梦想，完成使命的主人公凯旋，老师已经不在。结尾处既有人生的遗憾，也有理想的荣光，可见小作者驾驭宏大题材的勇气，算是一次不错的尝试。过度的段落如果再讲究一些，更着重刻画人物的内心世界和精神诉求，会更好。

枯叶蝶的绝处逢生

☆郭翯桐
☆北京市自忠小学（北京）
☆小高组

　　我梦见我变成了一只枯叶蝶，住在峨眉山伏虎寺后面的山上。我有着非凡的美貌，翅膀的一侧鲜艳的黄色底纹上点缀着黑色的斑点，轻轻扇动翅膀引来许多小昆虫驻足痴望。当我合起翅膀的时候，翅膀的另一侧简直就像一片枯树叶，令人真假难辨。每天，我和伙伴们在草地上自由自在地玩耍。

　　一天，我玩累了落在草地上休息。突然，翅膀被一个小姑娘捏住了，动弹不得。只听那个小姑娘惊奇地喊："原来这是一只蝴蝶啊！太不可思议了！我一定要带回去给朋友们看看。"我一听急了，拼命地挣扎、蹬腿，想把翅膀张开，但无济于事。不行，我不能就这样束手就擒，我放出大招，开始装死，蜷起六条腿一动不动。那小娃果然上当了，趁她把我放在手心里观察的时候，我突然翻身立起，奋力展翅，成功地逃跑了。

　　我飞到枯竹上休息了一会儿，刚想飞走，一张巨大的捕虫网罩了下来！我在网里使劲扑腾，四处乱撞，头被撞得生疼，翅膀上的粉都撞掉了。那个小姑娘喘着粗气说："可捉住你了，叫你装死骗

我，这回非把你做成标本不可！"

"那可不行，我的朋友还在草地上等着我呢。"可当我抬头看到巨大的捕虫网时又想放弃了，我甚至想到自己被做成标本的样子。我是多么不甘心啊，我渴望自由的天地，我可不愿意变成僵尸！

突然，我发现网子扣得并不严实，下面有个缝隙，我趁着还没被她捏住，赶紧顺着竹枝的侧面爬出去，擦着网边再次逃跑成功。然而，我的朋友，大竹节虫可就倒霉了，它被妥妥地扣在网中——它没有翅膀，不会飞。

一连躲过两劫，我累得上气不接下气。我落在一堆枯叶里，心想：这下安全了，我跟枯叶长得一模一样，没人能发现我！不料，还没等我缓过神来，捕虫网又来了，这次我再也无计可施，被那个小姑娘捉到一个大昆虫笼里面。

我不服气，把笼子爬了个遍，想找个缝隙，但是无缝可钻。笼子里还有一些难友，比如我的老朋友——大竹节虫。他无奈地看了我一眼，说："算了吧，过两天我们都得死掉，变成标本。"

我不要变成标本，我要出去，我拼命用头撞笼子门，撞笼子壁，扑腾得筋疲力尽，我想大喊，可又叫不出声，急得哭了！

这一急不要紧，我的梦醒了。

这个怪梦吓得我出了一身冷汗。这时，我听到桌上的那几个昆虫笼里不停地发出"噼里啪啦"的响声，它们还在奋力地挣扎，渴望恢复自由。

猛然间，我想起刚才做的梦。顿时，我对这些小昆虫们肃然起敬：它们看起来很渺小，但是面对困境，始终没有放弃逃生的努力，它们不服输，不气馁的精神令我敬佩。

我决定放它们走，让它们回到无拘无束的大自然中去。我打开窗户：美丽的蝴蝶飞走了，金龟子和花天牛也飞走了；大竹节虫去寻找它的竹林去了。枯叶蝶飞走的时候，我又难过又开心。心里默默地说："回伏虎寺吧，那里才是你的家。"

张陵点评

一场梦，巧妙地引出了一个童话故事。梦见自己变成了一只枯叶蝶，被人捉住可能面临着制成标本的风险。由此，体悟到小动物们的心情。于是，就把养在笼子里的昆虫们放回到自然里。作者试图用这个梦找到我们人与自然生物的关系，突出对自然的热爱，对小生物们的爱心，揭示出环境友好关系的主题。作者在一定程度上掌握了童话写作的要素，作品有一种难得的"童话"之美，可以继续在儿童文学的这个方向多多努力。

给企鹅儿子的一封信

☆姜咏絮
☆长沙市怡雅中学（长沙）
☆初中组

亲爱的儿子：

这封信的故事我斟酌已久。但我想与你倾诉，告诉你，我生命里最矛盾的时光，以及我不后悔的选择。

我，是一只生活在南极的帝企鹅。在弦音畅月之时，我迎来一个新的小生命——那便是你。那圆滚滚而又白嫩可爱外壳里裹着你温热的心跳，在那铺天盖地的寒冷中带给我丝丝温暖。

从那时起，我便下定决心，我要为了你做一个称职的父宝。

你的母亲，给我在额头印下一个轻轻的吻，便拖着疲惫的身子，跃入那一望无际的，交织着蔚蓝与雪白的静谧冰洋之中。而在我羽翼之下的，还沉睡在蛋里的你，便成为我刺骨寒风中金黄的希望。

曾有多少次啊，我后悔选择抚养你，绝望于这数千昼夜的守候。我甚至松开了我的爪，让可怜的你暴露在漫无边际的"白色沙漠"中。北风如一只张牙舞爪的野兽，刺在你一起一伏的呼吸间。连看似纯洁晶莹的白雪也讥讽："这就是你无聊的选择吗？为了一颗蛋，不惜自己忍受漫长的饥饿，不惜自己日渐消瘦的身躯。"

是啊，我应该后悔吗？我真的做了一个错误的选择？可我看着你那娇嫩的蛋壳，看着你母亲去往的冰蓝的"深渊"，我突然心生悲悯。我突然期待起你破壳而出的憨厚的小脚爪，期待起你星星般璀璨的双眼，期待起你母亲温暖甜美的笑容……

我明白了！我要尽我无私的爱与关怀，全力保护你，因为你是我亲爱的孩子。我不后悔在日夜兼程的守候，我不后悔这漫漫长夜的绝食。我想念你，我关爱你，陪伴你是我一生最幸运的选择！

亲爱的孩子，也许你看到这封信的时候我已离开，但我在你还未出生之时我内心久久的挣扎使我到此刻还无法平静。父亲想告诉你，一定要坚持并承担自己的责任，你在成长之路上会做出很多选择，无论是美好的，还是困难的，要相信都能带给你无尽的幸福与财富。

所以，一旦做出选择，请你不要后悔。即使我们是不会飞的鸟儿，我们也要坚定选择，搏击长空！

祝你

和妈妈在一起的日子美好愉快！

你的企鹅父亲

2021年1月23日

张陵点评

作品以拟人的手法，以书信的方式，描写了企鹅爸爸对企鹅宝宝的关爱的心情。今天，已经很少有人用书信的方式进行沟通了，而作者却坚持用这种正在消失的方式来表达，反映出作者内心对传统人情关系的怀念，不失为一种好的选择。作者试图站在父辈的立场上去表达自己的情感，可以看做是一种沟通的诚意，是化解两代人隔阂的善解人意的努力。表层意思是对后代的关切，实际上，更深层的意思是对父辈的提醒与希望。

绝壁上的花

☆杨浩暄
☆北京市海淀区五一小学（北京）
☆小高组

　　这里是彩云之南，平均海拔三千米，有着能媲美雅鲁藏布江大峡谷的怒江第一湾。我是这里的渡河滑索，人们外出贸易或者上学，都要依靠我来运送他们。

　　从我第一次成功帮助人们渡过怒江，这里几乎没有什么变化。这里的悬崖峭壁几乎断绝人所有外来的可能，连壁上的花枝都甚少开出花来。我看着一个个活泼的小女孩变成勤劳能干的妇女，再到热情好客的老妇人；一个个调皮好动的男孩子变成黑红的汉子，再到白发苍苍的抽着烟卷儿的老人。隐藏在悬崖深处的石头房子上飘扬着国旗，时不时传来读书声，我要仰着头才能看到称为学校的这座房子。悬崖侧边的狭小菜田种着林果子还有甘蔗，一季季成熟的次数也记不清了，可这石头房子学校一直就耸立在那里。

　　小武就像我的亲兄弟一样，他是村子里最爱学习的孩子，我也支持他学习。在他很小的时候，阿爸就被毒蛇咬伤去世了，阿妈要养活家里三口人根本不可能，他只好自己打工赚学费。就这样，在

上学的路上，卖菜回家的途中，我就成为了他最好的朋友。当时在我身上摇摇欲坠大声叫喊的小孩子，现在已经成为能赚钱换学费的小男子汉了。

村子里这几天欢天喜地，小武考上重点大学了！我们每个人都激动得不得了。小武也高兴极了，红红的脸蛋，眼睛眯成了一条缝，意气风发。好多年没见到他了，现在比以前沉了不少，我被压得摇摇晃晃。我载着他和全村人的祝福，把他送上了求学的旅途。我既开心又落寞，我曾经这样送走过许多跳出大山的孩子，满怀希望憧憬地离去，从此远走他乡杳无音信。

我继续数着悬崖侧边的狭小菜田一季季成熟的次数，可能我也在期盼小武能回来。

一个往常的下午，村口聚起一堆人。

"新支书是小武嘞？"

"那还能有假！"

"外头读书读得那么好回来做什么？"

说着我看到了一个年轻人在冲这头招手，他熟练地套上索道，依旧身姿矫健。小武又回来了！随着他回来的还有几年之后沿绝壁而起的大桥，石头房子学校也焕然一新了。菜田里开始种上我不认识的新庄稼，很少再有本村人滑着我再过江了，倒是许多外地游客过来，我也没办法光荣"退休"了，心里虽然有点难过，但还是为我们家乡的新面貌而自豪。

今天的太阳真亮堂，照得人心里暖暖的。我转头一看，那峭壁上的花开得正好。即使身陷绝境，你的生命之花照样可以绚烂开放在峭壁之处。

小作者文笔成熟，见解独特，以"渡河滑索"的视角代入想象，展现了村落中人来人往的发展与变化。文章条理清晰、逻辑严密，三言两语概括出村落的人情风貌，展现出小作者极强的构建能力。在群像的刻画中，又着重以"小武"这个人物作为切入点，描写了一位走出大山再回报村庄的青年模样，最后紧扣"绝壁上的花"这一立意，点到为止，韵味悠长。

如歌的梦幻里

我的心里住着一个堂吉诃德

☆庄子易
☆北京市海淀区五一小学（北京）
☆小中组

一匹瘦马，一杆破矛，

我和他站立在风车的最顶端，

沉迷在游侠骑士的梦里，

择一个四下无人的黑夜，

从院墙之后而来。

风车是你眼中的城堡，

羊群是你梦里的仇宿。

你天生就是个天才，

只是活在了疯子的世界里，

却没有屈服，

勇敢地向现实举起长矛。

英雄的身躯，从未犹疑，

勒紧缰绳摆好姿势。

命运是否该贴地而行？

将血液注入盔甲，

骑士的灵魂至死不渝。

咸鱼岂能没有梦想？

灵魂指引我寻找信念的方向。

信念点亮了我的星空，

带来了永恒的力量。

追逐着勇往直前的骑士，

忍受着不能承受的痛，

管它道路多险峻，

你和我也阔步前行！

信念继续在心中膨胀，

命运在执念中对抗，

即使经历了一万个小时的锤炼，

是徒劳无功的，

即使努力的结果是失败的，

那又如何呢？

挑战不可战胜的对手，

跋涉无人敢行的路，

用全力以赴的速度——

勇往直前。

我们向着太阳升起的地方一路狂奔，

让流星划出绚丽的足迹，

让扑向火焰的飞蛾指引道路，

让荆棘鸟为我们发出生命的绝唱，

这就是我们心中的世界。

我心中的堂吉诃德，

一个年老的乡村绅士，

苦苦思索着无人能明白的理想，

在沉沉入睡的荒野中——

信马漫步。

堂吉诃德和马儿飞上了天，

飞上去的是骑士的执着，

掉下来的是无尽的嘲弄。

这是怎么回事？

一定是魔法师的妒忌，

才将巨人变成了风车。

夕阳西下，

悄然把梦藏于口下，

桑丘在呐喊，

我穿上他的盔甲，

举起长矛，冲向风车。

葛竞点评

　　这首现代诗构思精巧，令人眼前一亮。读完整首诗，那清新流淌的文字，博学多知的才情，盛满了激情昂扬的情愫。小作者文采飞扬，不仅让读者感受到了一个活灵活现的堂吉诃德，更让读者感同身受，让所有人都想与之一起穿上盔甲，举起长矛。整首诗的语言跳跃灵动，用词富于想象力，让人感受到诗句特有的美感和魅力。

追寻——十四连环花体诗

☆林义盛
☆南湖二小（武汉）
☆小高组

壹

金色的阳光照在我身上，
清爽的晨风吹在我脸上。
晶莹的露珠留在我手上，
沁人的花香钻到我嘴上。

信念给予我前进的动力，
热爱给予我坚持的力量，
时间给予我永恒的内心，
让我在前进的路上努力。

我随着风在春天里奔跑，
我怀着梦在夏天里遨游。

我带着果在秋天里翱翔，

我撒着雪在冬天里追逐。

金色的阳光照在我身上，

是如此的舒适温暖温馨。

贰

是如此的舒适温暖温馨，

让我有颗永远炙热的心。

迎着风雨在高声地歌唱，

世间一切都在听这旋律。

少年在寒风中不停奔跑，

是为在迷茫中找到去路。

人们在黑暗中不断摸索，

是为在深夜里摸索光明。

深夜里的光明遥不可及，

却吸引无数人努力追寻。

前进的决心化作为动力，

黑夜里的光明越来越近。

夜的眼睛在天空中闪耀，
银色的月光洒在我身上。

叁

银色的月光洒在我身上，
幽幽地发出神秘的光芒。
黑夜的寒冷将少年笼罩，
决心和希望将寒冷驱散。

人类的信念照亮了黑暗，
智慧的火花点燃了迷茫。
勤劳的双手创造着历史，
无数的英雄维护着和平。

少年在黑夜里急速奔跑，
只为寻找到真理的身影。
黑夜里的光将少年照亮，
指引着冲出黑夜的方向。

繁星的微光将天空照亮，

是那么朦胧却那么璀璨。

肆

是那么朦胧却那么璀璨，

在夜空中却又像在身边。

繁星的光芒越来越微弱，

通向黎明的光越来越亮。

少年的影子被太阳拉长，

通往真理的路越来越宽。

温暖的风拂过少年脸庞，

鸟儿的歌钻进少年心田。

少年在这条路上前进着，

四季轮番在他周围更迭。

候鸟在他头上去了又来，

落叶在他身边纷飞落地。

少年的面前是一片大海，

海上狂风呼啸雷雨大作。

伍

海上狂风呼啸雷雨大作，
无情的暴风雨还在下着。
远处的雷霆划破了天空，
船只沉沦在大海的怀里。

少年踏上停靠着的小船，
那艘船的身影越来越小。
在天际浓缩成一个黑点，
在乌云风暴里消逝不见。

雷霆闪电打在少年船边，
巨浪拍打着少年的船舷。
少年怀揣着决心和希望，
在布满凶恶的海上前行。

刺骨的海风向少年刺去，
他带着信念在海上航行。

陆

他带着信念在海上航行，

为寻求真理而永不停息。

木船受不了海浪的侵蚀，

在繁星密布的夜里呻吟。

海上的夜晚很深也很久，

少年在夜空里失去方向。

成群鲨鱼在他周围围绕，

木船发出轻微的断裂声……

船身撞上暗礁猛地一晃，

冰冷的海水从甲板涌入。

海水没过了少年的双腿，

海水没过甲板没过少年。

少年被海水和绝望淹没，

在朦胧中他看见了……

柒

在朦胧中他看见了真理，

少年想清楚地看见真理。

他不顾一切向真理游去，

可是真理早已化作虚影。

他把头探出宁静的海面，

大口地贪婪地呼吸空气。

鲨鱼还围绕触礁的沉船，

少年带着信念游到岸边。

太阳缓缓地从天边升起，

海面穿上了火红的纱衣。

少年朝艳丽的太阳游去，

他也向希望和真理游去。

太阳照亮了蒙蒙的天空，

真理似乎离他越来越近……

捌

真理似乎离他越来越近，

他似乎看到了海的尽头，

明亮取代了灰暗的天空，

明媚的阳光变得更耀眼。

他的脚碰到了细腻的沙，

他看到一片金黄的海滩。

海浪轻轻亲吻着他的脚，

海风轻轻吹拂他的身体。

他没有在这海滩上停息，

而是继续往前毫不犹豫。

他穿过沙滩来到了森林，

高大的树木遮蔽了天空。

树叶遮住阳光留下阴影，

进入后就不能回头离去。

玖

进入后就不能回头离去，
少年的决心丝毫没动摇。
他背对阳光向森林进发，
那深深的阴影笼罩着他。

少年踏上了森林的土壤，
寒冷阴暗潮湿将他笼罩。
他的四周布满野兽低吟，
那头顶的树向少年压去。

少年的信念化作一道光，
从树叶的缝隙间射进来。
他的决心化作光明火炬，
照亮了少年前进的道路。

他虽然身处阴暗的森林，
但他在黑暗中看到光明。

壹零

但他在黑暗中看到光明，
少年的决心化作为动力，
哪怕是少年迷失了方向，
信念带领他向光明前进。

野兽吼声在他耳边响起，
一只老虎在他面前出现。
老虎贪婪的双眼盯着他，
它重心向后准备好扑咬。

少年连忙转身向后跑去，
那老虎扑倒在他的身后。
少年爬上一棵高大的树，
老虎只好在树下咆哮着。

少年的心里松了一口气，
他突然看到树枝在移动……

壹壹

他突然看到树枝在移动，
树枝是一条巨大的蟒蛇！
蟒蛇蠕动在树上的身体，
吐着芯子缓缓向他逼近。

少年急忙从这树枝跳走，
少年爬到了树的最顶端。
蟒蛇把身体绕在树干上，
攀爬到了少年在的树枝。

少年看到藤蔓朝他摆来，
少年的腿发力纵然一跃，
他感觉自己如同鸿毛轻，
信念让他紧紧抓住藤蔓。

藤蔓在空中划过道弧线，
把少年落在另一棵树上。

壹贰

把少年落在另一棵树上，
信念决心让他得以逃脱。
少年追寻真理并未停歇，
森林的深处出现一道光。

少年向着那束亮光前行，
他似乎看见森林的边缘。
森林边缘离他越来越近，
真理的呼唤变得更清晰。

森林在高山前戛然而止，
少年抬头却看不到山顶。
那座山似乎一直地向上，
在云层之上在天空之中。

少年的脚迈出了那森林，
踏上了高山坚硬的土地。

壹叁

踏上了高山坚硬的土地，
决心和信念带少年攀岩，
岩石缝隙是手脚的归宿，
蹭出血是绝壁上的颂歌。

脚踩到一块松动的岩石，
少年的身子悬在半空中，
整个身子像风中的枯叶，
在高山峭壁上随风飘动。

他的信念永远不会动摇，
决心让他重新贴回岩壁，
他没有抛弃希望而获救，
少年继续向上向前攀爬。

他的手碰到顶端的岩石，
他最终爬到了山的顶峰。

壹肆

他最终爬到了山的顶峰，

面前是他离开夜的情景：

黑暗中他仍坚守着信念，

最终寻觅到了一片光明。

画面散开后又重新聚合，

变成他面对大海的情景：

海上他坚持自己的信念，

即便没入海中也是如此。

画面从大海变成了森林，

变成他挑战森林的情景：

无论面对老虎还是蟒蛇，

他坚定决心终化险为夷。

少年的脸上浮现出微笑，

他知道真理被他找到了。

结尾诗

他知道真理被他找到了，

他看见远方有一个影子。

模糊的影子在朝他挥手，

少年微笑着也挥了挥手。

他身上没有财产和金钱，

他拥有什么都买不到的——

那一颗坚定不移的决心，

那一种顽强不屈的信念。

这两样让他寻到了真理，

回过头来才猛然意识到：

决心和信念本来是真理，

只是可能很晚意识到罢。

少年再一次朝影子挥手，

少年微笑着，我微笑着。

葛竞点评

关于"追梦"的话题，我们似乎已经看过了太多作品，但小作者却用长诗的方式，向我们讲述了一个惊心动魄、荡气回肠的少年逐梦的故事，故事如卷轴般缓缓拉开，一环扣一环，精彩纷呈，吸引人想要继续读下去。文章构思新颖，语言生动，用凝练精准的文字刻画出一位勇敢追逐、拼搏向前的少年。愿小作者也如文中少年一般，所向披靡、勇往直前。

航

☆刘飞腾
☆广州白云广雅实验学校（广州）
☆初中组

一位长者，临溪而立。

几位少年，对溪而立。

长者问，来者何意？

少年答，拜师游历。

长者遂收几人为徒，

曰：造船为拜师之始。

少年问：船驶何处？

答曰：纵横天地。

造船，不易。

千刀万锯，独木成舟。

长者查验，呕心沥血。

粗枝大叶者，修细；

精细过度者，认局；

华而不实者，打磨。

长者耐心如初，少年心态各异。

有人懒散放弃，有人叫苦不迭；

有人专心致志，有人细心雕琢。

远望天地，少年们焦躁不安：

"船已成型，何不出航？"

长者答："切勿焦急，此是稳计。"

终有一天，老者乘一舟领少年入河。

少年欢呼雀跃，登船操舟，信心满满。

行驶，前有万水千山。

岸边有牛羊成群，高山入云，倒畔沉船；

山上有白雪皑皑，烟云笼绕，山洞座座；

水中有激流暗涌，小鱼跃水，巨石错落。

也有惊涛骇浪，风云变幻，暗礁险阻。

身处逆境，少年才懂，先前的不过是小石，磨难仍未结束。

有的远落在后，有的修葺多次；

有的超前行驶，有的循规蹈矩。

没有驻足不前，只有不进而退。

少年们虽屡经波折，却毫不气馁。他们明白：

身处逆境，最难，不过这山涧窄溪；

身处逆境，最难，不过这激流暗涌；

身处逆境，最难，不过这湾流十八转；

身处逆境，最难，不过是气定神闲。

逆境中航行多日，到一湖泊。

清未染，翠如碧。

鱼虾乐游其中，水鸟露宿其边。

鸟兽欢，流水缓；

鱼虾悠，植物翠。

长者言："此前种种逆境，换得今日仙境。

山重水复疑无路，柳暗花明又一村，又何尝不是命运的安排？

吾不过一介渔父，与尔等缘分已尽。

尔等已懂得如何挑战逆境，前路凶险，莫失莫忘。

吾不过一摆渡人，已送尔等过岸。"

少年议论纷纷，惊慌失措：

前路凶险，此处安闲。

是岸是水，是平或淡。

或是搏击大海，共苦共难。

最终少年们决定暂时小憩，整理船具。

待到吉日，共同出征！

选择大海，选择乘风破浪！

在逆境中与天地斗，与苦难战！

长者有一言："莫忘初心，自有智慧相伴！"

道别，有不舍，有泪花，

共同倾诉衷肠。

起航！新的远方！新的目标！

长者放手，少年自立。

顺江入海，惊涛澎湃。

少年记得长者一言：

逆境中，惊涛骇浪前，镇静；

逆境中，风平浪静前，警惕；

逆境中，激流勇进前，果断。

任肆意喧嚣，

任波涛汹涌，

任风平浪静，

少年肆意青春，无畏无忧。

大海，翘首在望。

前方，任我翱翔。

一路上，有艰辛，有困难，有磨砺，有努力。

不论是造船的艰辛，还是逆境中不惧迷途，选择方向。

都是为了这一刻——

乘风破浪，勇往直前！

葛竞点评

以诗歌的形式，叙述了一群少年从拜师、到造船、再出航的故事。文字简短却精练细腻，只言片语便交代清楚故事的来龙去脉，概括能力极强，短促而有力却又不失文采，寥寥数语便勾勒出一幅"少年出航图"。文章融情于景，通过对出航途中景色的描写，间接表明少年们不同的心境，边绘景边抒情，情感细腻丰富，能看出小作者有着超乎同龄人的感悟和见解。

草的心事

☆田陈诺金

☆石家庄北新街小学（石家庄）

☆小中组

我

是一棵小草。

没有花香，

没有树高；

没有名气，

无人知晓。

但是

我很坚强，

不怕风霜，

不怕火烧；

野火烧不尽，

冬雪压不倒。

我努力美化环境，

释放氧气，

为了整个世界的美好。

可惜

没有人看见我，

没有人爱护我。

只有

践踏、鄙夷、

小瞧……

多希望

你能注意到我。

赶在秋雨前，

树叶无飘摇，

我没被覆盖

掩埋掉。

但草的心事，

谁人知道？

无缘的你呀，

来得太晚，

还是太早？

春天来了，

春姑娘叫我起床：

少抱怨，

多努力，

做好自己。

苔花如米小，

也学牡丹开。

自古平凡出伟大，

普通工人成工匠。

白日不到处，

青春恰自来……

恍然大悟。

突破障碍，

我回来了。

不忘初心，

春风吹又生。

从草色遥看近却无，

到一片绿海，

绿油油；

从嫩绿柔香远更浓，

到一席地毯，

郁葱葱，

生机盎然。

田陈诺金同学的诗"草的心事"总体上立意不错，也流畅通晓。看得出这位同学不但读过而且能背诵许多著名的诗句，对于一个写作者这也是非常重要的积累。但是我们在写作自己文章的时候，如何引用别人的诗句就要格外注意了。引用了最好加个引号，表示自己的初衷。另外不要引用过多。

想要

☆毛俊雅

☆成都市盐道街小学通桂校区（成都）

☆小中组

小河想要穿越沙漠，它化作云，飘过沙漠。

风儿想要跳舞，它停下脚步，穿过树叶。

云竹想要亲吻阳光，它栉风沐雨，破节生长。

梅花想要拥抱雪花，它凌寒傲骨，不惧风霜。

蚕蛹想要飞翔，它抛掉温暖，破茧成蝶。

凤凰想要永生，它舍弃生命，浴火九重。

你想要登上山顶，拨开荆棘，绕过青苔，你远望风景。

我想要站上舞台，抹去泪水，忘记疼痛，我听到喝彩。

　　毛俊雅同学写的这首短诗很有味道，很有意境，也很有灵气。比如第一句，"小河想要穿越沙漠"，小河不但有决心，还很聪明很智慧，不禁让我们会心地一笑。后面的诗句没有"掉"下来，而且有了递进和升华。从智慧一步步走到了意志的层面，甚至到了命运和人生的层面。这首诗不但灵巧，而且励志。

我是一株雪莲

☆康宁珏

☆五一路小学（太原）

☆小中组

当我睁开眼，

就知道自己是特殊的。

我的眼前竟是一片灰色！

没错，

我生在悬崖的石缝间，

而不是长在温暖的泥土里。

我真羡慕那些泥土中的花，

被松软的泥土包围，

沐浴阳光享受甘霖，

真希望和她们住在一起！

但命运是残酷的——

我是一株雪莲，

悬崖峭壁就是我的家。

我暗暗下定决心，

一定要成为这悬崖上最绚烂的生机！

上天经常给我一些考验，

半夜突如其来的一场大风，

把我吹得东倒西歪，

在呼啸的大风里，

我似乎感觉到自己将被连根拔起，

在空中打着转儿，

孤苦无依……

不！

我拒绝这样的命运！

我收拢花瓣，

把细嫩的根，

深深地扎入为数不多的泥土里……

呼……

风来得更猛了，

似乎下定决心要把我撕成两半，

啪！

最细的根被大风吹断，

钻心的疼痛让我痛苦不已，

但我没有放弃，

而是把余下的根更加努力地扎进泥土里……

大风渐渐地妥协了，

停止了对我的攻击，

只留下轻风吹拂我的身体。

过了许多年，

我已成为这悬崖间最美丽的风景，

我不再羡慕那些生长在泥土里的花群，

她们可以惬意地感受大地的温暖，

却从未体会过战胜逆境的喜悦心情……

张陵点评

这是一首带着饱满情感的诗。诗人以象征的艺术手法，用雪莲形象代表抒情主人公面对现实生活暴风雨的冲击，经历着严峻的考验。尽管非常痛苦，仍然坚强不屈，在岩石中无比顽强地生长着，发誓要创造出一片生机，成为悬崖最美丽的风景。雨过天晴，抒情主人公自信地体会到了战胜逆境的喜悦心情。整首诗基调健康，立意高远，昂扬向上，主题鲜明，讴歌了生活，讴歌了那些具有奋斗精神的人们。

我看见，簇新的开始

☆张锦洋

☆合肥师范附小二小（合肥）

☆小中组

我看见，

切破手指的妈妈

在厨房和一条鱼较上了劲。

妈妈笑着说，

用力钻出茧的蝴蝶，

才能追逐春。

我看见，

厨房里妈妈的糖醋鱼温暖了餐桌。

我看见，

实验失败的爸爸

在工作台边点着了一根烟。

爸爸沮丧地说，

被扔下悬崖的雏鹰，

才能驾驭风。

我看见，

实验室爸爸的试剂瓶里伫立着希望。

我看见，

生了病的春天

和一场病毒狭路相逢。

老师兴奋地通知，

经历漫长寒假的我们

要开学了。

我看见，

满眼葱翠、豁然开朗的夏天。

明天

或未来，

就像追逐着少年的风。

或刺骨急促、或和煦温暖。

成功

或逆境

仿若寒冬里突如其来的阳光，

或势不两立、或兼容并得。

己亥年庚子春

我看见

淋漓尽致的战斗，

我看见

一个个簇新的开始……

这首诗虽短，也有自己的亮点：第一小节和第二小节，诗人写在厨房做饭的妈妈，用了一句"用力钻出茧的蝴蝶，才能追逐春"，颇有意思；在写爸爸的时候，用了一句"被扔下悬崖的雏鹰，才能驾驭风"，也用得非常贴切，爸爸的形象，一下子就立了起来。后面几段，似有些脱节，表达的是另外的情绪，更像另一首诗。这说明，诗人在创作时，除了酝酿情感之外，还应该梳理梳理思路，把主题提炼得更明确一些。

图书在版编目（CIP）数据

少年风华：第三届茅盾青少年征文作品选／邱文宾
主编．-- 北京：作家出版社，2021.12
ISBN 978-7-5212-1637-0

Ⅰ．①少… Ⅱ．①邱… Ⅲ．①作文－中小学－选集
Ⅳ．①H194.5

中国版本图书馆CIP数据核字（2021）第244062号

少年风华：第三届茅盾青少年征文作品选

主　　编：邱文宾
责任编辑：宋辰辰
装帧设计：意匠文化·丁奔亮
出版发行：作家出版社有限公司
社　　址：北京农展馆南里10号　　邮　　编：100125
电话传真：86-10-65067186（发行中心及邮购部）
　　　　　86-10-65004079（总编室）
E-mail:zuojia@zuojia.net.cn
http://www.zuojiachubanshe.com
印　　刷：北京盛通印刷股份有限公司
成品尺寸：152×230
字　　数：158千
印　　张：16.75
版　　次：2021年12月第1版
印　　次：2021年12月第1次印刷
ISBN　978-7-5212-1637-0
定　　价：36.00元